MANI

Auf der Spur einer verschollenen Religion

MANI

Auf der Spur
einer verschollenen Religion

Herausgegeben von
Ludwig Koenen
und Cornelia Römer

Herder
Freiburg · Basel · Wien

Umschlagmotiv: Mani, Fresko aus Chotscho
(Chines.-Turkestan), 8./9. Jhdt.

Alle Rechte vorbehalten – Printed in Germany
© Verlag Herder Freiburg im Breisgau 1993
Herstellung: Freiburger Graphische Betriebe 1993
ISBN 3-451-23090-9

Inhalt

Vorwort 7
von Josef Sudbrack

Einleitung 21
von Cornelia Römer

Der Kölner Mani-Kodex 43
übersetzt von Ludwig Koenen und Cornelia Römer

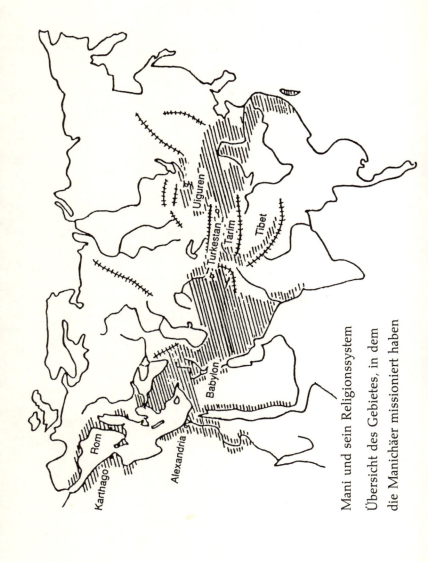

Mani und sein Religionssystem

Übersicht des Gebietes, in dem die Manichäer missioniert haben

VORWORT

Der Stachel des Fragens bleibt
Ein Blick von heute auf Mani und den
Manichäismus

VON JOSEF SUDBRACK

Gewiß, der Manichäismus und sein Gründer sind „verschollen". Auch im vorliegenden Text des Kölner Mani-Kodex sind die autobiographischen Aussagen Manis vom Kompilator zu einer Heilsgeschichte umgefärbt worden, in der Legende und Geschichte kaum zu trennen sind. Man muß auch diesen Text mit den zahlreichen, heute zugänglichen anderen Quellen vergleichen, um einen Eindruck von dieser Religion und ihrem Gründer zu bekommen. Dabei läßt sich eine „reine" Lehre Manis von ihrer Entfaltung im Manichäismus nicht säuberlich trennen. Aber dann kann man staunen: Wir haben es tatsächlich mit einer Welt-Religion zu tun. Dies nicht nur wegen der erstaunlichen Ausbreitung des Manichäismus, mehr noch wegen seiner Lehren; denn diese Religion hat Berührungsflächen zu vielen großen Religionen, zum Zoroastrismus, zum Judentum, zum Christentum, zur Gnosis, zum Buddhismus, zum Konfuzianismus und später auch zum Islam. Wer sich ernsthaft mit dem Manichäismus beschäftigt (gute und gut lesbare Hinführungen bei W. Klein, Mani, in:

P. Antes, Große Religionsstifter, 1992, 72–90; G. Lanczkowski, Geschichte der nichtchristlichen Religionen, 1989, 219–227), wird auch die scharfe Distanzierung der christlichen Kirche von ihm verstehen. Denn wie wohl keine andere antike Religiosität beantwortet der Manichäismus die Grundfragen des Lebens konträr zum christlichen Ansatz. Es geht dabei um die Menschheitsfragen wie: Woher das Unglück, das Leid, der Tod? Woher die Schuld, die auf der Welt zu lasten scheint und damals intensiv gespürt wurde? Woher die Endlichkeit, da der Mensch doch auf Unendlichkeit angelegt ist?

(1) Bei Mani, besser gesagt: im Manichäismus, wie man ihn als Kern der sich aufsplitternden Erscheinungsformen rekonstruieren kann, heißt die Antwort ganz radikal: weil die Welt und der Mensch von zwei ungeschaffenen, gleich ewigen Prinzipien durchzogen ist, die miteinander kämpfen, dem Guten und dem Bösen oder dem Licht und dem Dunkel oder dem Geist und der Materie. Im Dualismus des Zoroastrismus noch durchzieht das Böse sowohl Geist wie Materie; der Mensch soll sich durch Ordnung, „guten Sinn" und Andacht davon selbst befreien. Im Manichäismus aber wird das Leibliche, Materielle zum Bösen, aus dem sich das Geistige des Menschen, der Lichtfunke befreien soll. Harte Askese mußte deshalb die Lebensvollzüge des Leibes mindern und

unterdrücken. Die Materie, die im gnostischen Denken nur gleichsam von minderer Seinsdichte ist oder im Buddhismus (wobei es anscheinend Berührungen gibt) in der Nähe der Nicht-Existenz steht, wird im Manichäismus zum substantiell Schlechten, das zu besiegen ist.

Die Lebensordnung der Manichäer hat deshalb die Entmischung der beiden Urprinzipien, die in einem komplizierten „Schöpfungs"-Vorgang sich im Menschen vereint haben, zum Ziel. Eine elitäre Gruppe der „Auserwählten" ist ausersehen, durch radikale Askese den guten Lichtfunken aus der Umklammerung des bösen Fleisches zu befreien. Fleischgenuß und Alkohol sind ihr verboten; geschlechtliche Betätigung ist Sünde, da durch Nachkommen die Verbannung von Licht-Funken in der Materie vermehrt werden. Weltliche Tätigkeit wie Ackerbau und Handwerk ist untersagt; denn auch dadurch würden die in der Materie eingeschlossenen Lichtspuren geschädigt. Eine straffe Organisation hielt diese Gruppe zusammen, und ihre Aufgabe war es, zu predigen und durch Abschreiben der heiligen Bücher die Lehre Manis weiterzugeben. Mani setzte nämlich auf das „Buch", da nach ihm die anderen Religionen durch die mündliche Überlieferung degeneriert seien.

Die „Auserwählten" aber wurden durch die „Hörer" – die breitere, niedere Gruppe der Anhänger – versorgt. Ihnen hatten sie zu predigen und konnten ihnen die Sünden, die ein „Hörer" durch sein weltliches Leben begehen mußte, vergeben. Dieser „Hörer" aber hat nur die Aussicht, über viele Wiedergeburten allmählich zu der Reife des „Auserwählten" zu gelangen; dann aber könne er seinen Lichtfunken aus Körper und Materie befreien und in die Einheit mit dem Licht selbst, dem guten Urprinzip, eingehen.

Die Ausbreitung dieser harten asketischen Religion ist so erstaunlich, daß immer wieder gefragt wurde, ob nicht ähnliche religiöse Ansätze wie der Bogomilismus auf dem Balkan (Ende des ersten Jahrtausends) und der Katharismus in der Provence und in Oberitalien des 12. Jahrhunderts in ihm ihren Ursprung haben. Selbst der tibetische Lamaismus zeugt von manichäischem Gedankengut.

(2) Erregend aber bleibt die Frage: Warum konnte eine solche radikal dualistische und leib-verachtende Religion weltweite Verbreitung finden? Darauf gibt es keine andere Antwort als: Sie gab Antwort auf Grundfragen des Menschen; auf die Frage nach Leid, nach Schuld, nach Endlichkeit. Und sie gab eine Antwort, die radikal in ein Jenseits, in eine zukünftige Transzendenz hineinweist. Darüber nachzusinnen sollte das erste und Wichtigste sein, das aus der Beschäftigung mit Mani und dem Manichäismus erfließt. Dann erst ist man berechtigt, nun auch gleichsam rückwärts

blickend den Manichäismus selbst in Frage zu stellen.

Auch in unseren Tagen bricht an vielen Stellen so etwas auf wie eine „Neue Religiosität", die den Menschen „befreien" will von einer Vergötzung der reinen Materialität und deren technokratischen Beherrschung. Man darf auch dieses, wenn man ehrlich ist, nicht verharmlosen mit Urteilen wie „Sentimentalität", „Romantizismus". Es wäre zudem verhängnisvoll falsch, diese Absage an einen puren, wenn auch überaus verfeinerten Materialismus nur auf äußere Stimuli zurückzuführen; auf die Ur-Angst, die von den Naturkatastrophen jetzt stärker auf die Angst vor von Menschen gemachtem Unheil übergegangen ist; vor einer atomaren Katastrophe, vor der Naturzerstörung, die man am Sterben der Bäume und Regenwälder abliest; vor neuen Krankheiten wie AIDS; vor dem Hunger, den Krankheiten und den Kriegen, die mit dem modernen Fortschritt eher gewachsen, als zurückgegangen sind.

Was in der „Neuen Religiosität" aufbricht, ist vielmehr die Besinnung des Menschen auf seine Existenz, die, wie auch das Christentum lehrt, über das Greifbare und technisch Beherrschbare hinausreicht. Es gibt wenig Religionen, die es mit dieser Frage nach der menschlichen Existenz so ernst nahmen wie der Manichäismus. Radikal wies er den Menschen über das, was man Diesseits nennt, hinaus. Hier muß auch das christliche

Gewissen schlagen: ob in der modernen Verkündigung das zukünftige Jenseits, von dem die Bibel ganz entschieden weiß, nicht zu sehr in den Hintergrund getreten ist gegenüber den Aufgaben des gegenwärtigen Diesseits. Auch in vielen Äußerungen der „Neuen Religiosität", besonders wie sie sich von New Age zur Transpersonalen Psychologie weiterentwickelt haben, finden sich eher bestärkende Umformulierungen der Diesseits-Sorgen als der entschiedene Blick, den die Bibel und eben auch die Urkunden des Manichäismus auf das Jenseits werfen.

Hinzu kommt der hohe, radikale ethnische Anspruch, mit dem die Manichäer ihre Religiosität ins Leben übersetzten. Askese um des Jenseits willen (nicht nur für die Gesundheit) ist heute unmodern geworden und wird sogar als menschenfeindlich verurteilt. Wer zölibatär, jungfräulich lebt, wird mancherorts und in manchen Medienäußerungen wie ein Ausgestoßener aus der Gesellschaft diffamiert. Auch die „Neue Religiosität" schwimmt im Fahrwasser der vermeintlichen Moderne.

Kann nicht die radikale Askese des Manichäismus den modernen Menschen, der von neuem Religiosität sucht, daran erinnern, daß solche asketischen Züge wohl in allen großen religiösen Äußerungen zu finden sind? Und daß sie nicht nur – wie man heute gerne zeigt – wegen einer vernünftigen Zukunftsgestaltung, sondern auch für den Blick in die Transzendenz hilfreich, wenn nicht sogar not-wendig sind? Wer das Phänomen des Manichäismus ernst nimmt, kommt um solche Fragen nicht herum. Fing nicht auch Ghandi an, zölibatär zu leben, als er sich gewaltfrei für die Befreiung seines Volkes einsetzte? Sein Kampf für dessen Zukunft zog Kraft aus dem religiösen Bewußtsein einer transzendenten Bestimmung.

Hat nicht vielleicht jeder selbstlose Einsatz für die Zukunft der Menschen seine Wurzeln in einer solchen Transzendenz? Und stellt sich die Frage nicht von selbst weiter: Gibt es überhaupt ein innerlich wahres Besinnen auf Transzendenz und Jenseits ohne ein Stück „Askese"? „Das Himmelreich leidet Gewalt", meint Jesus. Mani wußte und lebte dies. Heute geht die Frage weiter: Leidet nicht auch das Menschenreich Gewalt – Gewalt, die bei Mani zur asketischen Lebensführung wurde?

(3) Erst muß man sich mit solchen Fragen auseinandersetzen, ehe man verantwortungsbewußt den nächsten Schritt tun darf: diese harte Askese der Manichäer zu hinterfragen und dabei auch ein Stück Sympathie mit der harten Kritik zu empfinden, die von der frühen christlichen Kirche an den Manichäern geübt wurde.

Man findet ja auch in der christlichen Überlieferung Züge einer vermeintlichen und oft auch realen Weltverachtung. Die Worte, die der Wüstenvater Arsenios bei seiner zweiten Bekehrung hörte: „Fliehe!" (die Welt), „Schweige!" (und führe ein „engelgleiches" Leben), „Ruhe!" (in der Einsamkeit deiner Zelle), tönen vom 3. und 4. Jahrhundert her durch die ganze Mönchs- und Ordensgeschichte hindurch und haben nicht selten zu Lebensweisen geführt, die dem Manichäismus nicht unähnlich sind. Statt darüber zu lächeln oder sarkastische Witze zu reißen, sollte man sich lieber auf den Ernst besinnen, der in diesem Ernstnehmen der Transzendenz liegt.

Doch dabei muß auch die christliche Korrektur lebendig bleiben, die bis in die Mitte der Existenz hineinragt und stets von neuem vor dem Fall in eine welt- und leib-verachtende Spiritualität des Manichäismus bewahrte; eine alles umgreifende Korrektur, durch die es dem frühen Christentum auch gelang, der „Versuchung zur Gnosis" zu widerstehen und die geniale Schau des Neuplatonismus christlich zu integrieren. Diese „Korrektur" stammt aus dem Glauben an Jesus Christus, an den menschgewordenen Gott: Wenn Gott Mensch, Fleisch, Materie wird, dann ist diese unsere Welt grundsätzlich gut; dann ist sie nicht nur Schauplatz eines bösen Prinzips im Sinne Manis; dann ist sie auch nicht irgend etwas Seinsschwaches wie bei Plotin, über das sich das Geistige des Menschen erheben müsse; dann ist das Diesseits der Welt- und Menschengeschichte bis in seine Fundamente gesegnet vom Jenseits Gottes; dann kann es keine radikal welt- und mensch-verneinende Askese geben; dann muß jedes asketische „Nein" aufgehoben und bestätigt sein von dem größeren Ja zu dieser Welt Gottes.

Man kann die Geschichte der christlichen Spiritualität und Mystik tatsächlich schreiben als eine ständig neue Überwindung der „Versuchung zur Gnosis", „zum Manichäismus". Dem historisch nachzugehen ist hier nicht der Platz (vgl. die 1993 erscheinende Übersetzung des 1. Bandes der englischen „Christian Spirituality"). Aber anthropologisch ist die Spannung aufzuzeigen, die sich darin niedergeschlagen hat und die mehr vom Wesen des Menschen offenbart, als Psychologie und Soziologie normalerweise erhellen können. Es ist die Spannung zwischen dem inneren Angelegtsein des Menschen auf Transzendenz, auf Jenseits hin, auf Überwindung von Tod und Leid, auf Übersteigen des geschichtlichen Auf-und-Ab und dem Hineingestelltsein des Menschen in diese seine Welt, in der er mit Tod und Leid zu „leben" hat.

In Gottes Menschwerdung hat diese Spannung lebendige Gestalt gewonnen: Jesus Christus ist zugleich weltimmanenter Teil der Geschichte wie transzendente Überwindung ihrer Gegensätze. Diese Spannung gipfelt im Geschehen von Karfreitag und Ostern. Es ist dieser Eckpfeiler des christlichen Glaubens, der – verbunden mit dem anderen der Menschwerdung Gottes – stets von neuem sowohl vor der Verachtung des materiell

Welthaften wie vor der Reduzierung der Transzendenz ins materiell Welthafte hinein bewahrte. So schreibt Dionysius Areopagita, dessen mystische Schriften ein Paradigma für die Verchristlichung weltflüchtiger Tendenzen des Neuplatonismus bilden, über Gott, daß er „mit uns in Gemeinschaft getreten ist und dadurch die äußerste menschliche Gottesferne zu sich herbeiruft und aufrichtet, aus welcher auf unaussprechliche Weise der einfaltige Jesus zusammengesetzt wurde, der Ewige den Zeitbezug genommen hat und derjenige, welcher die gesamte Ordnung im Bereich der gesamten Natur überwesentlich überragt, in unsere Natur hineingeboren wurde unter unveränderlicher und unvermischter Bewahrung seiner Eigenheit" (Göttl. Namen I, 4).

Die Spannung, die in der Person und im Leben Jesu sichtbar wird, läßt sich nicht auflösen in simples Verstehen. Romano Guardini schrieb gegen Ende seines Lebens auf dem Krankenlager, daß er vor Gott stehend ihm die Frage stellen müsse: „Warum, Gott, zum Heil die fürchterlichen Umwege, das Leid der Unschuldigen, die Schuld?" (Die Zeit, 13.10.1968). Sie läßt sich nur im Glauben leben, im Glauben, der auf Jesus Christus, ausgespannt am Kreuze, blickt.

Auch von Mani wird berichtet, daß er seinen Kampf gegen die materielle Schwere der Leiblichkeit am Kreuz beendete. Aber sein „Kreuz" bedeutet die grundsätzliche Überwindung alles Welt-

und Leibhaften. In Jesu Kreuzestod aber erkennt der christliche Glaube das Gegenteil davon: Gott selbst hat teilgenommen an der menschlichen Geschichte, auch an der von Leid und Tod, und deshalb sind die menschliche Geschichte, die Materialität der Welt und die Leiblichkeit unseres Körpers mit hineingenommen in das Leben Gottes. So erfährt es der Zweifler Thomas acht Tage nach Ostern vom Auferstandenen selbst: „Streck deinen Finger aus – hier sind meine Hände! Streck deine Hand aus und leg sie in meine Seite, und sei nicht ungläubig, sondern gläubig" (Johannes 20, 27).

Daß damit keine Flucht vor den Aufgaben dieser Zeit proklamiert wird, sondern im Gegenteil ein Aufruf, sich in dieser Zeit und ihren Nöten zu engagieren – trotz möglicher und oft auch tatsächlicher Beschmutzung durch die Übel dieser Zeit, das zeigt die Geschichte der christlichen Spiritualität in Überfülle.

(4) Man muß als Christ schon in die Mitte des christlichen Glaubens hineingehen, um dem Phänomen des Manichäismus gerecht zu werden. Und man darf sich auch nicht aus dessen Metaphysik zurückziehen, einer Metaphysik der Transzendenz; denn nur von dort her ist der Manichäismus zu verstehen. Auch Hans Jonas schreibt als Neunzigjähriger im Vorwort seiner gesammelten Aufsätze: „Ich habe Achtung für das asketische

Haltmachen an den Grenzen, das die Philosophie seit Kant gelernt hat. Aber unverlöschlich ist das Recht von Geistern, die es dazu drängt, ihr Fragen selbst dahin zu treiben, wo es nur noch erratende und bildlich zu umschreibende Antworten erwarten kann."

So treibt auch das Fragen des Manichäismus nach Tod und Leid hin zu Grenzen, die der menschliche Geist aus sich alleine nur ahnend, hoffend überschreiten kann. Aber er kann – zum Wachsein erweckt von Manis Suchen – diese Fragen richten an Weltanschauungen, die ihm heute Antworten auf sein Suchen anbieten. Ob nicht jeder Welt-Immanentismus, der sich wie in manchen Psychologismen mit so schönen Worten wie „Selbst-Werden", „Selbstentwicklung" schmückt, an den vom Manichäismus gestellten Fragen zerschellt? Ob nicht auch die Entwicklungsträume zu einem „integralen Menschsein", wie sie mit Jean Gebser, Shri Aurobindo oder Ken Wilber in der „Neuen Religiosität" lebendig sind, vor dem harten Fragen Manis nach Leid und Tod wie Seifenblasen zerplatzen? Ob nicht auch der vermeintliche Realismus, der die manichäistischen Fragen nach Leid und Tod als irreale Träumerei ablehnt und ganz und gar der Realität dienen will, einem tatsächlichen Irrealismus verfallen ist?

Aber auch umgekehrt stellen sich Fragen an Weltanschauungen wie etwa an Rudolf Steiners Anthroposophie oder an Gruppen aus der „Neuen

Religiosität", die sich rühmen, die Seele wiederentdeckt zu haben: Kommt deren Dualismus, mit dem sie die konkrete Leiblichkeit degradieren zu einem Durchgang und einem Reinigungsinstrument der Seele für neue Wiedergeburten, kommt deren Reduzierung der geschichtlichen Einmaligkeit zu einer von vielen Episoden auf dem Weg zur spirituellen Ganzheit nicht einem verborgenen Manichäismus gleich?

Der Manichäismus selbst nun hat seine Fragen nicht vom abstrakten Gelehrtenpodium her und nicht aus einer neugierigen Sesselbehaglichkeit heraus gestellt; das unterscheidet ihn von vielen modernen Entsprechungen. Er hat sie – und das ist seine Größe – im existentiellen Betroffensein des Menschen und im konkreten, so harten asketischen Lebensvollzug gestellt. Und so darf man ihnen auch nur aus der eigenen Lebensauffassung heraus begegnen. Von dort her aber kann ein Verständnis erwachsen für die harte Abweisung, die Kirchenväter wie Augustinus dem Manichäismus erteilten. Denn deren christlicher Glaube wußte: Nicht durch Abwertung von Leib – Fleisch – Materie will Gott die Welt aus ihrem Verlorensein befreien, sondern dadurch, daß Gottes Wort selbst Teil dieser Welt wird.

Um die christliche Antwort zu verstehen, muß man ernst nehmen, was mit Athanasios dem Großen den patristischen Theologen als Maxime voranleuchtete: „Gott wurde Mensch (= Fleisch –

Materie – Welt), damit der Mensch (= Fleisch – Materie – Welt) Gott würde. Gewiß, wir müssen heute solche Maximen in unser Sprach- und Weltgefühl übersetzen. Aber dies bleibt christliche Aufgabe, solange die biblische Botschaft ernstgenommen wird: „Und das Wort ist Fleisch geworden und hat unter uns gewohnt."

EINLEITUNG

von Cornelia Römer

Ich Mani, der Apostel Jesu Christi durch den Willen Gottes, des Vaters der Wahrheit, aus dem ich bin, der lebt und bleibt in alle Ewigkeit, der vor allem war und nach allem sein wird.

(Kölner Mani-Kodex S. 66)

So stellt sich Mani vor, der im dritten Jahrhundert nach Christus in Babylonien eine Weltreligion gegründet hat. Seine Anhänger nannten sich Manichäer, die Religion selbst bezeichnet man als Manichäismus.

Manis Religion ist verschollen. Jahrhundertelanger Kampf gegen ihn und seine Lehre waren erfolgreich. Die anderen Religionen, die Mani hatte vollenden wollen, besonders das Christentum, wehrten sich vehement. In der frühen Kirche galt der Religionsstifter aus Babylonien als „der höchst gottlose Bodensatz des Bösen". Der Heilige Augustinus, der selbst jahrelang ein Manichäer gewesen war, bevor er zu einem der großen Verfechter des Christentums wurde, beschimpfte Manis Lehre als „Pest und trügerische Unwahrheit". So wurde Mani zum Ketzer schlechthin, wurden seine Anhänger verfolgt und seine Schriften verbrannt. Nur wenige Zeugnisse dieser Religion, die sich auf heilige Bücher berief wie das Christentum, sind uns bis heute erhalten geblieben.

Eine erbauliche Schrift der Manichäer ist das winzige Büchlein, das heute in der Universität zu Köln aufbewahrt wird. Der Kölner Mani-Kodex enthält die Lebensgeschichte des Religionsstifters. Mani selbst erzählt in diesem Buch, wie er bei einer judenchristlichen Täufersekte aufwuchs, wie er erkannte, zu Besonderem berufen zu sein, und wie er an der großen Aufgabe zu verzweifeln drohte. Er läßt uns teilhaben an den Offenbarungen, die ihm sein himmlischer Zwilling brachte, und an seiner frommen Hingabe an den Vater des Lichts, den obersten manichäischen Gott. Schließlich begleiten wir ihn auf seinen ersten Missionsreisen nach Aserbaidschan und bis nach Indien.

Mani wurde am 14. April 216 nach Christus geboren in einem Dorf nahe der antiken Stadt Ktesiphon, dort etwa, wo heute Bagdad liegt. Als er gerade vier Jahre alt geworden war, nahm ihn sein Vater Pattikios von seiner Mutter fort und lebte von nun an mit seinem Sohn in einer judenchristlichen Täufersekte. Im Sumpfland zwischen Euphrat und Tigris hatten sich einige solcher Sekten angesiedelt. Diese Täufer erkannten das jüdische Gesetz an, sie beriefen sich aber auch auf Jesus Christus und auf den Stifter ihrer Sekte, einen Mann namens Elchasaios. Anscheinend waren Frauen in der religiösen Gruppe, in welcher Mani und sein Vater lebten, nicht zugelassen. Nach strengen asketischen Regeln, die das Heiraten, den Genuß von Wein und Weizenbrot verboten, lebten die Täufer in einer frommen Gemeinschaft. In täglichen Waschungen glaubten sie nicht nur, ihren Leib rein zu halten, sondern auch, innerlich rein zu werden. Alles, was sie aßen, unterzogen sie rituellen Waschungen. Ihren Lebensunterhalt bestritten die Täufer mit dem, was sie landwirtschaftlich in Garten und Feld erzeugten.

Mani wuchs also in einer Umgebung auf, die einerseits durch den jüdischen Glauben, andererseits aber auch durch das Christentum geprägt war. Im Kölner Mani-Kodex wird besonders deutlich, eine wie große Rolle das Christentum und die Person Jesu für die Entwicklung von Manis Leben und Lehre gespielt haben. Mani kannte die Schriften des Neuen Testaments; aus Briefen des Paulus zitiert er auch im Kölner Kodex. Schon früh entzieht er sich den Regeln der Täufer und handelt nach Grundsätzen, die als Offenbarungen seines himmlischen Zwillings an ihn herangetragen werden. Der Bruch mit der Täufersekte ist die unvermeidliche Folge der immer größer werdenden inneren Distanz zu deren Religion und Lebensauffassung.

Wenige Jahre, nachdem Mani geboren worden war, hatten sich die politischen Verhältnisse in seiner Heimat entscheidend verändert. Ein Volksstamm aus dem heutigen Iran, die Sasaniden, unterwarf in kurzer Zeit die angrenzenden Gebiete, darunter auch Babylonien. Der sasanidische Herrscher Ardaschir I. (223/224 bis 241/242 nach

Christus) und seine Nachfolger verbanden mit der Idee eines neuen großen Persischen Reiches auch die Idee der Erneuerung der zoroastrischen Religion, die jahrhundertelang im alten Reich der Perser geblüht hatte. Die Feuertempel dieser alten persischen Religion sollten wieder aufgebaut und neue gegründet werden. In dieser Religion des Zoroaster liegt eine weitere Wurzel zu Manis neuer Religion. Den persischen Propheten Zoroaster, dann auch Buddha, Jesus Christus und den Apostel Paulus nannte Mani seine Vorgänger. Die anfangs zitierte Vorstellung Manis in der Art des Apostels Paulus (Ich Mani, der Apostel Jesu Christi ....) ist durchaus bewußt und beabsichtigt. An anderer Stelle bezeichnet sich der Religionsstifter als der im Johannesevangelium verheißene Paraklet. Auch im Aufbau seiner Kirche orientierte sich Mani an der christlichen Kirche. Er selbst stand an der Spitze der Hierarchie, gefolgt von Bischöfen und Presbytern.

Das Verhältnis seiner Religion zu den früheren Religionen, das einerseits durch die Nähe, aber auch durch die Veränderung dieser Lehren geprägt war, hat Manis Religion schließlich dem Untergang geweiht. Die Priesterklasse des Zoroaster wird Mani persönlich zum Verhängnis.

Nach dem Bruch mit der Täufersekte beginnt Mani mit der Verbreitung seiner Lehre. Wie Jesus Christus heilt er Kranke und bekehrt Ungläubige. Zunächst lassen ihn die sasanidischen Herrscher gewähren, ja Schapur I. unterstützt Manis Mission sogar. Ihm widmet der Religionsstifter ein heiliges Buch mit den Hauptglaubenssätzen der Manichäer. Doch immer stärker rückt die Priesterklasse des zoroastrischen Glaubens im Machtzentrum der Sasaniden in den Vordergrund. Unter Bahram I. wird Mani schließlich ins Gefängnis geworfen, angekettet an Hals, Armen und Beinen. Er stirbt dort 276 nach Christus.

Die Ereignisse vieler Jahre dieses Lebens werden im Kölner Mani-Kodex von dem Religionsstifter selbst erzählt. Vor mehr als 1700 Jahren hat Mani diese Worte gesprochen und aufschreiben lassen. Er sorgte bewußt dafür, daß seine Worte nicht verloren gingen. Denn er wollte nicht, daß ein Streit darüber entstehen könnte, was er wirklich gesagt hatte. Die Worte Jesu Christi, über die so viel gestritten wurde, waren ihm ein warnendes Beispiel. Manis Religion sollte in 10 Dingen besser sein als Christentum, Buddhismus und die Religion des Zoroaster. Selbstbewußt sprach Mani: „Die früheren Religionen beschränkten sich nur auf ein Land und eine Sprache. Doch meine Religion ist in jedem Land und in allen Sprachen bekannt und wird in den fernsten Ländern gelehrt. Meine Religion wird infolge der lebendigen Bücher, der Lehrer, Bischöfe, Erwählten und Hörer und durch Weisheit und Werke bis ans Ende der Welt bleiben".

Die Weltreligion Manichäismus

Einiges davon hat sich bewahrheitet. Manis Religion wurde eine Weltreligion, deren Anhänger in drei Kontinenten zu Hause waren. Zu dem obersten manichäischen Gott, dem „Vater des Lichts", beteten Menschen im gesamten Mittelmeerraum von Nordafrika über Spanien bis nach Kleinasien. Manichäische Klöster blühten im Zweistromland und in Persien und schließlich, als die Religion aus diesen Gegenden vertrieben worden war, auch an der nördlichen Seidenstraße und in China. Bis ins 17. Jahrhundert hinein soll es in China noch Anhänger Manis gegeben haben. In dieser Zeit war diese Religion im Mittelmeerraum bereits seit langem ausgestorben. Zu sehr fürchtete das im 4. Jahrhundert zur Staatsreligion aufgestiegene Christentum den Manichäismus als Konkurrenz. Die katholische Kirche sah in den Manichäern, welche die Stirn hatten, sich auf Jesus Christus zu berufen und dabei die Taufe zu verwerfen, die schlimmsten Ketzer. „Manichäer" wurde schließlich die Bezeichnung für jeden Ketzer, auch wenn der Andersgläubige gar kein Manichäer war. Die römischen Kaiser, die noch im 3. Jahrhundert gleichzeitig Manichäismus und Christentum bekämpft hatten, waren nun selbst Christen geworden und unterstützten den Kampf gegen Manis Religion. Wer als Manichäer erkannt wurde, konnte zu Zwangsarbeit in den staatlichen Bergwerken verurteilt werden; sein Vermögen wurde eingezogen.

Aber noch war Manis Religion nicht am Ende. Entlang der Seidenstraße erreichten manichäische Gruppen das Tarim-Becken im Nordosten der Wüste Takla-Makan. In der Oase Turfan und in den umliegenden Ortschaften blühten Manichäismus, Christentum und Buddhismus in einem friedlichen Miteinander. Im 8. Jahrhundert stieg Manis Religion zur Staatsreligion im kleinen Reich der Uiguren nördlich der Seidenstraße auf. Erst im 13. Jahrhundert bereitete der Mongolensturm der Blüte des Manichäismus im Norden Chinas ein Ende.

Letzte Spuren der Religion stammen aus dem 17. Jahrhundert. In einem buddhistischen Heiligtum der chinesischen Provinz Fukien an der Ostküste Chinas wurden eine Schale mit der Inschrift „Die Religion des Lichts" und eine Stele mit den vier Namen des „Vaters des Lichts" gefunden. Diese Funde zeugen davon, daß in dem Schrein, in dem heute Buddhisten beten, einstmals Mani verehrt wurde.

Das, was in China ans Tageslicht kam, sind die jüngsten Zeugnisse einer Weltreligion, die untergegangen und vergessen ist.

Eine Weltreligion wird wiederentdeckt

Bis zum Beginn dieses Jahrhunderts hatten sich, wenn überhaupt, nur vereinzelt Wissenschaftler für den Manichäismus interessiert. Dabei wußte man schon einiges über Manis Lehre. Aber das Überlieferte war überwiegend aus der negativen Sicht der christlichen Kirchenväter geschrieben worden. Sie hatten in ihren scharfen Angriffen gegen die „Pest Mani" immer wieder neue Formulierungen gefunden, um die Konkurrenzreligion zu verunglimpfen. Ein zweite Quelle für die Kenntnis des Manichäismus waren die Schriften der arabischen Enzyklopädisten. Zu ihren Lebzeiten im 9. und 10. Jahrhundert gab es noch kleinere Gruppen von manichäischen Gläubigen im Zweistromland. Aber die Informationen, die wir durch diese Schriften erhielten, waren in zeitlich so großer Distanz von der Gründung der Religion geschrieben worden, daß manches dabei unklar blieb. Originalschriften der Manichäer schienen gänzlich verloren. Über die Person des Religionsstifters Mani wußten wir wenig.

Am Anfang unseres Jahrhunderts änderte sich die Lage. Durch deutsche Ausgrabungen an der nördlichen Seidenstraße kamen zum erstenmal Originaltexte der Manichäer zum Vorschein. Hier lagen plötzlich geborgen aus den Ruinen versunkener Städte Schriften vor uns, die fromme Manichäer einst selbst in den Händen gehalten hatten.

Da gab es manichäische Hymnen, Gebete, Lehrsätze und einen Beichtspiegel in verschiedenen iranischen Sprachen und der Sprache der Uiguren, bei denen der Manichäismus etwa 100 Jahre lang Staatsreligion gewesen ist. Die Texte waren sorgfältig auf Pergament geschrieben und zum Teil mit wunderschönen bunten Illustrationen versehen worden. Reste der Fresken aus Klöstern, in denen manichäische Mönche lebten, zeigen uns Bilder des „Herrn Mani" inmitten der Schar seiner Anhänger.

In den 30er Jahren gab der Sand Ägyptens gewichtige Papyrusbücher in koptischer Sprache preis. Nach diesen Büchern hatte im 5. Jahrhundert nach Christus eine manichäische Gemeinde gesungen und die Predigten gehört, die hierin aufgeschrieben waren. Manichäer, welche die Worte des Religionsstifters Mani nachlesen wollten, konnten das Buch der „Kephalaia" (= Hauptlehrsätze) Manis aufschlagen.

Seit dem Ende der 60er Jahre ist der Kölner Mani-Kodex bekannt. Durch das winzige Büchlein haben wir Neues über Manis religiöse Wurzeln erfahren und zum erstenmal den Religionsstifter selbst persönlich kennengelernt.

Durch die verschiedenen Funde dieses Jahrhunderts war die Lehre Manis deutlicher faßbar geworden. Die Welt, wie er sie sah, stand deutlich vor unseren Augen.

Die Lehre von der Welt, in der Licht und Finsternis gemischt sind

Nach Mani waren die Menschen geworfen in eine Welt, in der Licht und Finsternis auf eine unselige Weise miteinander vermischt sind. Die Gnosis (= Erkenntnis) der Situation, in welcher der Mensch sich in dieser Welt befindet, führt zur Erlösung. So lehrte Mani. Manis Religion ist eine gnostische Religion. Gnosis besitzt der Mensch, so wie er auch den Glauben besitzen kann. Im Besitz der Gnosis wird er sich in der Welt verhalten gemäß seiner Erkenntnis. Diese Gnosis meint Mani, wenn er die Täufer, bei denen er aufwuchs, ermahnt, daß es nichts nütze, sich täglich zu taufen, denn „die Reinheit, von der geschrieben steht, ist die Reinheit durch die Gnosis, das heißt die Trennung des Lichts von der Finsternis, des Todes vom Leben und der lebendigen Wasser von den erstarrten" (Kölner Mani-Kodex S. 84).

Wie es zu der Vermischung von Licht und Finsternis in der Welt gekommen war, darüber erzählten die Manichäer eine lange Geschichte, über die der Heilige Augustinus gerne spottete.

Mani hat diese Geschichte auch in einem selbstgemalten Buch in Bildern dargestellt. Diesen Bildband besitzen wir leider nicht mehr. Aber die lange Geschichte von der Enstehung der Welt ist selbst eine Folge von erzählten Bildern. Es sind Bilder von Kampf und Niederlage, vom Unterliegen und Erlöstwerden. Am Anfang gab es ein Reich des Lichts und ein Reich der Finsternis. Im Reich des Lichts herrschte der Vater der Größe, der auch der Vater des Lichts hieß. Im Reich der Finsternis war der Fürst der Finsternis zu Hause. Das Lichtreich prangt in Helle und Herrlichkeit. Hier blüht und gedeiht alles in heiterer Ordnung. Im Reich der Finsternis dagegen geht es drunter und drüber. Rauchschwaden ziehen über das öde Land. Eines Tages erblickt der Fürst der Finsternis voller Neid das Reich des Lichts und möchte es besitzen. Das Lichtreich ist in Bedrängnis. Zu seiner Verteidigung bringt der Vater des Lichts die Mutter des Lebens aus sich hervor, aus der wiederum der Urmensch hervorgeht. Es entsteht also die uralte Trias der göttlichen Familie mit Vater, Mutter und Sohn.

Der Urmensch rüstet sich zum Kampf, indem er sich mit der Lebendigen Seele bekleidet. Die Lebendige Seele besteht aus den Lichtteilen des Lichtreiches. Mit ihr werden auch die fünf guten Elemente des Lichtreiches gleichgesetzt, nämlich Luft, Feuer, Wind, Wasser und Licht. So gerüstet und von den Wünschen der Mutter des Lebens begleitet steigt der Urmensch herab zum Kampf. Er unterliegt. Die Dämonen des Reiches der Finsternis verschlingen seine Rüstung, die Lebendige Seele. Sie sind jetzt selbst eine Vermischung aus Licht und Finsternis. Alles, was von nun an geschieht, hat nur das eine Ziel, Licht und Finsternis wieder voneinander zu trennen, und zwar so, daß eine endgültige Trennung der beiden Prinzipien wirksam wird. Kein Angriff des Reiches der Finsternis auf das Reich des Lichts kann dann noch möglich sein. Der Sieg des Lichts über die Finsternis steht dabei von vorneherein fest, denn die beiden Prinzipien sind durchaus nicht gleichwertig.

Zunächst muß der Vater des Lichts den Urmenschen retten. Dazu läßt er den Lebendigen Geist aus sich hervorgehen. Der Lebendige Geist nähert sich dem in tiefem Schlaf liegenden Urmenschen und ruft ihn an. Der Urmensch wacht auf, erkennt wieder, wer er ist und wo er hingehört. Er antwortet dem Lebendigen Geist. Nun kehrt der Urmensch erlöst in das Reich des Lichts zurück.

Dies ist das Modell, nach dem sich die Erlösung eines jeden Menschen vollziehen kann. Obwohl der Mensch in Unwissenheit, die beim Urmenschen durch das Bild des Schlafes ausgedrückt war, verstrickt ist, kann er durch die Erkenntnis (= Gnosis) zu seinen Ursprüngen zurückkehren und erlöst werden.

Aber die Rüstung des Urmenschen, die Lebendige Seele, befindet sich immer noch in der Umklammerung durch die Dämonen der Finsternis. Diese Rüstung gilt es nun zu retten. Dazu treten weitere Gestalten des Lichtreiches auf den Plan, die mit den Dämonen der Finsternis ringen. In direktem Kampf kann dieser Krieg nicht entschieden werden. Der Vater des Lichts, der selbst natürlich nicht kämpft, greift daher zu einer List: Immer mehr sollen sich Licht und Finsternis vermischen, damit das Licht schließlich über die unwissende Finsternis siegt.

Der Lebendige Geist und die Mutter des Lebens machen sich einige Dämonen im Reich der Finsternis untertan, die von der Rüstung des Urmenschen genossen und daher auch Lichtteile in sich tragen. Aus Körpern dieser Dämonen gestalten die Götter des Lichtreichs den Kosmos. Die Schöpfung ist also bei den Manichäern nicht der Akt eines bösen Weltschöpfers.

Gereinigte Lichtteile werden gesammelt und zu Sonne und Mond verwandelt. In diesen Kosmos tritt der Dritte Gesandte. Vom Vater des Lichts gesendet soll er den Schlußakt der Schöpfung vollführen. Besonders an dieser Stelle des manichäischen Mythos hat sich der Heilige Augustinus vor Grauen geschüttelt. Der Dritte Gesandte zeigt sich den männlichen Finsternisherrschern als schöne Frau und den weiblichen als schöner Mann. Das bleibt nicht ohne Wirkung. Die mit Licht durchmischten Spermen der männlichen Dämonen und die ebenfalls lichtvollen Fehlgeburten der weiblichen fallen auf die Erde und werden dort zu Pflanzen, Tieren und dämonischen Gestalten. Herrscher dieser dämonischen Gestalten sind Saklas und Nebroël. Sie erschaffen das erste Menschenpaar, Adam und Eva, durch welche zwar die

Läuterung der Lichtteile nach dem Willen von Saklas und Nebroël verlangsamt wird – denn die Menschen sündigen ja immer wieder gegen die Lebendige Seele –, aber doch überhaupt erst möglich ist. Denn nun kann das Mischwesen Mensch versuchen, mit seinem Geist, der aus dem Reich des Lichts stammt, die Finsternis der Materie, die sein Körper ist, zu überwinden.

Die Manichäer sagten, wir befinden uns in dieser Welt im Zustand der Mitte. Anzustreben ist der Zustand des Endes, wenn auf der einen Seite wieder das Reich des Lichts mit all seiner Herrlichkeit prangen wird. Ihm gegenüber wird kein Reich der Finsternis mehr stehen, sondern nur noch der *globus horribilis,* das zu einer Kugel geballte Böse, von dem kein Angriff mehr ausgehen kann.

Die Lehre von der Vermischung in der Welt, die es zu überwinden galt, setzte dem menschlichen Leben ein klares Ziel. Jeder konnte in dieser Religion eine einfache Antwort auf die Frage finden, wie das Böse in die Welt gekommen sei. Diese Frage hatte den Heiligen Augustinus in seiner Jugend so bewegt, daß er sich zunächst auf den Manichäismus einließ. Aber anziehend an dieser Religion für die Menschen war gewiß auch, daß jeder in dem großen Werk, die Lichtteile aus der Welt zu läutern, eine fest vorgezeichnete Aufgabe besaß. Das Leben hatte in dieser Schöpfung einen Sinn für jeden einzelnen.

Daß diese Religion eine Zweiklassenreligion war, scheint zunächst nicht gestört zu haben. Da gab es die obere Klasse der „Erwählten", die an der Läuterung der Lichtteile geradezu berufsmäßig beteiligt waren. Sie versammelten sich täglich zu einem kultischen Mahl, bei dem sie Speisen zu sich nahmen, mit deren Zubereitung sie nicht befaßt gewesen waren. Das Schneiden von Gemüse, das Pflücken einer Frucht, ja sogar das Zertreten eines Ästchens tat den Lichtteilen, die darin eingeschlossen waren, weh. Die „Erwählten" enthielten sich jeglicher Tätigkeit, welche diese Lichtteile verletzte. Nach dem Mahl sprachen sie ein Gebet, in dem auch die Worte vorkamen: „Nicht ich habe dich in den Ofen geworfen, ein anderer hat mir dies gebracht, ich habe es unschuldig gegessen." Unschuldig mußte der „Erwählte" die Speise zu sich nehmen, damit er nicht selbst die Lebendige Seele aus dem Reich des Lichts verletzte. So gelangten die reinen Lichtteile in eine reine Seele, die beim Tode des „Erwählten" gefüllt mit Licht dem Reich des Lichts wieder zustrebte. Auf ihrer Reise nahm die Lichtseele zunächst Wohnung im Mond und wurde dort noch einmal geläutert. War der Mond gut gefüllt mit reinen Lichtseelen, gab er diese zur Sonne weiter, nahm dadurch ab und begann wieder sich zu füllen. „Man sieht doch, was mit den Seelen geschieht", sagten die Manichäer, „wenn man sich die Phasen des Mondes anschaut". Von der Sonne gelangten die Seelen schließlich an ihr Ziel, in ihre ursprüngliche Heimat, das Lichtreich.

Die „Erwählten" konnten aber nur unschuldig an der Lebendigen Seele bleiben, wenn ihnen die zweite Klasse der Manichäer, die „Hörer", ein Überleben ermöglichten. Die „Hörer" versorgten die „Erwählten" mit Speisen. Sie wurden zwar, indem sie das Gemüse schnitten und das Brot buken, das sie dann den „Erwählten" brachten, schuldig an der Lebendigen Seele, aber in Erfüllung der lebenserhaltenden Aufgabe erfuhren sie Nachlaß ihrer Sünde. Außerdem konnten sie hoffen, in einem späteren Leben als ein „Erwählter" wiedergeboren zu werden.

Mani hatte das Leben eines „Erwählten" vorgelebt. Bereits als Kind weigerte er sich, im Garten Gemüse zu schneiden (Kölner Mani-Kodex S. 9).

Die Geschichte von Manis Leben steht in dem winzig kleinen Pergamentbuch, dem Kölner Mani-Kodex.

Manis Lebensgeschichte

Mani selbst erzählt in diesem Buch die Geschichte seines Lebens; es ist eine Biographie in der Ich-Form, aber nicht geschrieben von ihm selbst. Anders als Jesus Christus hatte Mani von Anfang an dafür gesorgt, daß jedes seiner Worte aufgeschrieben wurde. Aus den Schriften der Schüler, die Manis Worte mitgeschrieben hatten, formte später die ordnende Hand eines frommen Manichäers die fortlaufende Biographie. Die Quellen, aus denen er schöpfte, hat dieser Manichäer sorgfältig angegeben. So steht über jedem Abschnitt der Name des Schülers, der diese Worte Manis überliefert hatte. Manche dieser Schüler sind auch aus anderen manichäischen Quellen bekannt.

Manis Biographie liest sich wie ein frommes Unterhaltungsbuch. Bunte Geschichten, in denen Pflanzen und Bäume sprechen und leiden, wechseln ab mit theologischen Betrachtungen über Manis Menschsein und Aufgabe. Eine Predigt, die Mani als Nachfolger der alttestamentlichen Patriarchen und des Apostels Paulus legitimieren will, unterbricht den Fluß dieser lebhaften Biographie an einer Stelle. Hier sind auch Zitate eingeflochten aus einem Brief Manis an die Stadt Edessa und aus seinem Lebendigen Evangelium, dem ersten seiner kanonischen Bücher.

Eine wichtige Rolle in Manis Leben spielt sein Zwilling. Er erscheint, wenn Mani in Gefahr oder verzweifelt ist; er rettet oder tröstet ihn. Der Zwilling bringt Mani große Offenbarungen. Er bewegt durch sein Erscheinen neben Mani die Menschen, sich zur Religion des Lichts zu bekehren. Dieser Zwilling ist nicht Manis leiblicher Bruder. Er ist die Gestalt von Manis himmlischer Existenz, das heißt, er ist Mani selbst und auch wieder nicht; daher nennt Mani ihn auch sein „höchst wohlgestaltetes und machtvolles Spiegelbild" (Kölner Mani-Kodex S. 17). Während seines Lebens auf Erden ist Mani von seinem Zwilling verschieden. Nach dem Tod wird er sich wieder mit ihm vereinen.

Der Mani-Kodex, das kleinste Buch der Antike

Das Buch, in dem Manis Lebensgeschichte steht, ist das kleinste Buch, das wir aus der Antike kennen. Die Pergamentseiten messen nur 3,5 mal 4,5 cm, so daß die Seiten bequem in einer Streichholzschachtel Platz finden würden. Jede dieser winzigen Seiten enthält 23 Zeilen in einer zierlichen Schrift. Sprache und Schrift sind griechisch. Das kleine Büchlein ist wahrscheinlich im 5. Jahrhundert nach Christus in Ägypten, wo es zu jener Zeit noch viele Manichäer gegeben haben muß, hergestellt worden.

Die Schrift ist auch mit dem bloßen Auge lesbar, obwohl die Höhe der Buchstaben nicht einmal einen Millimeter beträgt. Welche Sorgfalt haben die Schreiber damals verwandt, als sie diese winzigen Buchstaben auf das Pergament schrieben! Lupen kannte man noch nicht, und so werden sie höchstens kleine, mit Wasser gefüllte Glasfläschchen verwandt haben, um die Schrift etwas zu vergrößern.

Das Werk muß einmal sehr dick gewesen sein, denn es umfaßte wohl Manis gesamte Lebensgeschichte, vielleicht auf mehrere Bände verteilt. Bis in unsere Tage blieben aber nur 192 Seiten dieser Biographie erhalten. Mani ist auf den ersten noch vorhandenen Seiten bereits vier Jahre alt, wir haben also nicht den Beginn seiner Biographie. Der Text bricht ab, als er im 25. Lebensjahr steht. Hier müssen noch viele, heute nicht mehr erhaltene Seiten gefolgt sein, die sein Leben bis zum Schluß schilderten.

Warum ist das Buch so klein? Was könnte einen Manichäer im 5. Jahrhundert nach Christus in Ägypten veranlaßt haben, Manis Lebensgeschichte in einem so kleinen Format abschreiben zu lassen? Vielleicht war diesem Mann der Inhalt des Büchleins so wichtig, daß er es gerne auch auf Reisen mit sich nehmen wollte. Ein kleines Buch ließ sich nicht nur leichter transportieren, man konnte es auch besser in einer Tasche verschwinden lassen, wenn Gefahr drohte. Im 5. Jahrhundert waren die Manichäer ja verfolgt.

Vielleicht hatte der Auftraggeber des Büchleins aber auch nur einen Verwandten auf dem Weg ins Jenseits schützen wollen, indem er ihm als fromme Gabe ein amulettgroßes Büchlein mit ins Grab legte. Die Lebensgeschichte des Religionsstifters in so kleinem Format erfüllte also vielleicht eine ähnliche Schutzfunktion, wie heute in arabischen Ländern oft zum Schutze der Autofahrer ein winziger Koran als Talisman am Rückspiegel baumelt.

Vielleicht aber wollte der Manichäer, der das winzige Büchlein in Auftrag gab, auf diese Weise nur fromm und ehrfürchtig den Stifter seiner Religion rühmen. Das so klein geschriebene Büchlein war bestimmt besonders wertvoll und teuer. Auch manichäische Schriften, die im Norden Chinas gefunden wurden, zeigen uns, daß die Manichäer kleine Formate liebten und wohl gerade darin einen besonderen Wert sahen.

In der folgenden deutschen Übersetzung des Kölner Mani-Kodex sind die Namen der Schüler Manis, die seine Worte aufgeschrieben hatten, in kleiner Schrift beigegeben. Wo wir zwar wissen, daß hier ein Auszug aus der Mitschrift eines anderen Schülers anfängt, der betreffende Name aber nicht mehr zu entziffern war, steht „Neuer Gewährsmann".

Der Text bricht in dieser Übersetzung zunächst bei Manis Einschiffung nach Indien ab. Danach sind in der Handschrift zusammenhängende Wörter fast nicht mehr vorhanden. Wo sich noch ein Sinn ergibt, wurde dieser zusammenfassend wiedergegeben. Nur noch eine letzte Textstelle mit Manis Rückkehr nach Babylonien erscheint in wörtlicher Übersetzung.

An manchen Stellen gibt es immer noch Fragezeichen (?). Sie sollen ein deutliches Signal dafür sein, daß der griechische Text hier nicht sicher zu verstehen ist. In dieser Ausgabe kursiv gedruckte Wörter wurden in dem griechischen Text nur ergänzt; in der Handschrift sind die Worte hier weggebrochen. Wo mehrere Punkte im Text stehen, fehlen in der winzigen Pergamenthandschrift manchmal mehrere Zeilen.

Manis Lebensgeschichte gibt also auch hier immer noch Rätsel auf. Aber wir sind froh, einen Text zu besitzen, in dem der Religionsstifter durch die von seinen Schülern aufgezeichneten Worte selbst zu uns spricht. Nach 1700 Jahren blicken wir in das Leben eines der Großen der Weltgeschichte. Von einer verschollenen Weltreligion halten wir ein Stück in Händen.

DER KÖLNER MANI-KODEX

ÜBERSETZT VON
LUDWIG KOENEN UND CORNELIA RÖMER

Diese deutsche Übersetzung entspricht zwar im wesentlichen der Übersetzung, die in der wissenschaftlichen Ausgabe des Kölner Mani-Kodex gegeben wurde, an einzelnen Stellen wurden jedoch neue Erkenntnisse eingearbeitet und der Text geglättet. Die Verantwortung für diese Veränderungen liegt bei Cornelia Römer.

Die Seitenzahlen der Originalhandschrift sind jeweils am Fuß der Seiten kursiv angegeben.

Die wissenschaftliche Ausgabe, die neben der deutschen Übersetzung auch den griechischen Text enthält, erschien 1988 beim Westdeutschen Verlag in Opladen unter dem Titel:

DER KÖLNER MANI-KODEX
Über das Werden seines Leibes

Kritische Edition
aufgrund der von A. Henrichs und L. Koenen
besorgten Erstedition

herausgegeben und übersetzt
von Ludwig Koenen und Cornelia Römer

Kindheit und Jugend
bei den Täufern

(Der Engel sprach zu Mani:) „... Ich habe dir gezeigt, was verborgen ist vor vielen. Du aber wirst jenes Mysterium in Großartigkeit und größter Klarheit schauen können." Darauf verbarg sich der Engel vor *meinem Angesicht*.

(Mani berichtet:) ... *durch* die Kraft der Engel und der heiligen Mächte, die mit meinem Schutz betraut waren, wurde ich beschützt. Sie erzogen mich, indem sie mir Visionen und Wunder zeigten, die nur klein und sehr kurz waren, so wie ich sie ertragen konnte. Zuweilen nämlich kam *ein Engel herbei* wie ein Blitz ... Die allgemeinen Lehren (?) *nahm* ich mit großer Genauigkeit (?) *wahr*. Der Engel versicherte mich aber auch der Stärke, die in Bedrängnis standhaft bleibt.

Äußerst zahlreich sind die Visionen und überaus groß die Gesichte, die er mir während jener ganzen Zeit meiner Jugend zeigte. Ich aber *verharrte* ... in Schweigen, ... indem ich mit Weisheit und Gewandtheit in ihrer Mitte wandelte, das

Ausruhen[1] einhielt, kein Unrecht beging, keinerlei Schmerz zufügte, dem Gesetz der Täufer nicht folgte und nicht nach ihrer Art Reden führte.

Die sprechende Dattelpalme

Salmaios der Asket

(Ein Täufer sprach zu Mani:) „... auch kein Gemüse nimmst du aus dem Garten, und auch kein Holz holst du für dich selbst (?)." Dann nötigte mich jener Täufer mit den Worten: „Steh auf und komm mit mir zu der Stelle, wo Holz ist; nimm es und trage es!" Wir gingen zu einer Palme; jener stieg hinauf ... *Die Palme aber sprach zu mir*: „Wenn du die Pein von uns abwendest, wirst du nicht zusammen mit dem Mörder sterben." Von Furcht vor mir gepackt und in großer Erregung stieg daraufhin jener Täufer von ihr herab, fiel mir zu Füßen und sprach: „Ich wußte nicht, daß dieses unaussprechliche Mysterium mit dir ist. Von wem wurde dir *die Pein der Palme* enthüllt? ..." (Und

---

[1] Mit „Ausruhen" bezeichneten die Manichäer die Lebensweise der Erwählten, die sich von aller landwirtschaftlicher und handwerklicher Arbeit fernhielten, um die Lebendige Seele nicht zu verletzen. Schon in seiner Jugendzeit lebte Mani also wie ein Erwählter. Auch die folgenden Episoden illustrieren dies.

Mani antwortete dem Täufer) „Was bist du *ganz* in Furcht geraten und hast die Farbe gewechselt, *als die Palme* dies zu dir *sagte*? Um wieviel mehr wird der bewegt sein, mit dem jedwedes *Gewächs* spricht?" Der Täufer war nun außer sich vor Verwunderung über mich. Er sprach zu mir: „Hüte dieses Mysterium, sage es keinem, damit dich keiner aus Neid umbringt."

Das weinende Gemüse

... Da sprach zu mir einer der Häupter ihres Gesetzes, als er sah, daß ich kein Gemüse aus dem Garten nahm, sondern sie darum wie um eine fromme Gabe bat; er sprach zu mir: „Weshalb nimmst du kein Gemüse aus dem Garten, sondern bittest mich darum wie um eine fromme Gabe?" Nachdem jener Täufer so zu mir gesprochen hatte, ... (gingen wir in den Garten; der Täufer schnitt das Gemüse, das) ... dahinschmolz *unter Jammern* ganz in der Art von Menschen und so wie Kinder. Wehe, wehe! Blut strömte herab von der Stelle, die von der Sichel in seinen Händen getroffen worden war, und sie schrien mit menschlicher Stimme unter den Schlägen. Der Täufer wurde bei dem Anblick sehr bewegt. Er kam und fiel vor mir nieder.

Neuer Gewährsmann

Nachdem im Kleinkindalter (?) mein Leib *von meiner Mutter* bis zu meinem vierten Lebensjahr *genährt worden war,* trat ich *zu diesem Zeitpunkt* in die Glaubensgemeinschaft der Täufer ein. Als mein Leib im Jugendalter war, wuchs ich in dieser Gemeinschaft auf und wurde durch die Kraft der Lichtengel und der so überaus starken Mächte beschützt, die von Jesus mit meinem Schutz beauftragt waren.

Die Gestalt im Wasser

Da erschien mir aus der Quelle der Wasser die Gestalt eines Mannes und wies mich mit der Hand auf das Ausruhen[2] hin, damit ich nicht sündigte und Leid über ihn brächte. In dieser Weise wurde ich vom vierten Lebensjahr bis zum Zeitpunkt der Reife meines Leibes in den Händen der heiligsten Engel und Mächte der Heiligkeit *heimlich* umsorgt.

Stärkung durch himmlische Mächte

Neuer Gewährsmann

... Ein anderes Mal redete eine Stimme wie die des Zwillings aus der Luft zu mir mit den folgenden

---

[2] Siehe oben Fußnote 1.

Worten: „Stärke deine Kraft, festige deinen Sinn, und empfange alles, was dir enthüllt wird." Noch einmal sagte sie dasselbe: „Stärke deine Kraft, mache deinen Sinn standhaft, und unterziehe dich allem, was auf dich zukommt." Da *fiel ich zu Boden* ... (Und die Engel sprachen) „... wir wurden von den großen *Vätern* hervorgesandt."

Bilder für Manis irdische Existenz

Baraies der Lehrer

Mein Herr Mani sagte dies: Wie heutzutage ein Füllen, das für einen König tauglich ist, durch die Fähigkeit der Pferdeknechte zum Reitpferd des Königs wird, damit er in Ehre und Pracht aufsitze und seinen eigenen Willen ausführe, so wurde der Leib *für den Geist aufgezogen, damit dieser durch ihn das Gute tue (?)* ...

Hergerichtet wurde ein Kleid für den, der sich damit bekleidet. Ausgerüstet wurde das Schiff für den trefflichsten Steuermann, damit er die Schätze aus dem Meer fische.

Errichtet wurde das Heiligtum zum Ruhme des Geistes und der heiligste Schrein zur Offenbarung seiner Weisheit.

Zur Vollendung gebracht wurde der *leibliche* Sproß (?) ... damit er (Mani) im *Leib wohnend* die Versklavten von den Machthabern *trenne* und freikaufe, ihre Glieder aus der Unterwerfung unter die Rebellen und aus der Macht der Statthalter befreie, sich seiner bedienend die Wahrheit seiner Gnosis zeige, in ihm den Eingeschlossenen die Türe öffne und *durch ihn* jenen *das selige Leben* gebe ... *damit er die Seinen aus allen Lehren (?)* und aus allen Gesetzen *erwähle* und die Seelen von der Unwissenheit befreie, wenn er Paraklet und Haupt des in dieser Generation auszuübenden Apostolates geworden ist.

Die große Offenbarung des himmlischen Zwillings

Zu dem Zeitpunkt also, als mein Leib die Vollendung ganz erreicht hatte, flog sofort jenes höchst wohlgestaltete und machtvolle Spiegelbild *meiner Gestalt* herab und erschien vor mir ... *Als ich* vierundzwanzig Jahre alt war, in dem Jahr, in welchem Ardaschir, der König von Persien, die Stadt Hatra unterwarf und der König Schapur, sein Sohn, sich das Großdiadem aufsetzte, am 8.(?) Tag des Monats Pharmuthi[3] nach dem Mondkalender[4], erbarmte sich meiner der allerseligste Herr, berief mich in seine Gnade und schickte mir *von dort (?) meinen* Zwilling, *der in* großer *Herrlichkeit* ... Er, der alle trefflichen Ratschlüsse kennt, die von unse-

---

[3] Ägyptischer Monatsname.
[4] 17./18. April 240 nach Christus.

rem Vater und der guten fernen Ersten Rechten[5] kommen, und sie weitergibt.

Wiederum sagte Mani dies: Als mein Vater Wohlgefallen fand und voller Erbarmen und Mitleid mit mir war, so daß er mich aus dem Irrtum der Sektierer erlöste, da erwies er mir seine Gnade durch seine überaus zahlreichen *Enthüllungen* und sandte *mir meinen Zwilling* ... *Er brachte mir die beste Hoffnung*[6], Befreiung für die Dulder, die wahrhaftigsten Lehren und Einsichten sowie die Handauflegung[7], die von unserem Vater kommt. Als er nun gekommen war, löste er mich, trennte mich und zog mich aus dem Gesetz heraus, in dem ich aufgezogen worden war. Auf diese Weise berief er mich, erwählte mich, zog mich heraus und entfernte mich aus ihrer Mitte. Er zog mich beiseite ...

(Der Zwilling belehrte mich:) ... und wer ich bin und was mein Leib ist, auf welche Weise ich gekommen bin und wie meine Ankunft in dieser Welt sich vollzog, wer ich unter denen geworden

---

[5] Die Erste Rechte ist wie die im folgenden genannte Handauflegung ein manichäischer Ritus, durch den die Errettung des Urmenschen aus der Umklammerung der Dämonen der Finsternis nachvollzogen wird. Auch der Urmensch empfing nach seiner Rettung die Erste Rechte und die Handauflegung.

[6] „Hoffnung" bedeutet Manis Religion.

[7] Die Handauflegung ist ein manichäischer Ritus; siehe Fußnote 5.

bin, die in ihrem Übermaß am meisten ausgezeichnet sind, wie ich in diesen fleischlichen Leib gezeugt worden bin oder welcher Art die Frau gewesen ist, durch deren Hilfe ich in diesem Fleisch entbunden und geboren worden bin, und von wem ich ... *dem Leibe nach* gezeugt worden bin ... und wer mein Vater in der Höhe ist oder auf welche Weise ich mich von ihm getrennt habe und nach seinem Ratschlag ausgesandt wurde, welchen Auftrag und welche Lehre er mir gegeben hat, bevor ich mich mit diesem Instrument (dem Leib) bekleidete, die Irrfahrt in diesem ekelhaften Fleisch begann und seine Trunkenheit und Art anzog, und *wer der ist,* welcher selbst *bei mir ist* als mein *wachsamer* Zwilling, und *wer* die *Engel sind (?)* ... (Er lehrte mich) die Geheimnisse, *die Gedanken* und das Übermaß meines Vaters, und wer ich bin, und wer mein unzertrennlicher Zwilling ist, ferner auch, was meine Seele ist, welche die Seele aller Welten ist, und wie sie ins Sein gekommen ist. Er zeigte mir darüberhinaus die grenzenlosen Höhen und unergründlichen Tiefen. Er zeigte *mir* alles, was ...

Lob des himmlischen Zwillings

(Mani spricht):
 ... ihn, der *überaus zuverlässig* ist.
 Ich habe ihn auf fromme Weise *empfangen*
 und als mein Eigentum in Besitz genommen.
 Ich habe von ihm geglaubt,
 daß er mir gehört und mein ist
 und ein guter und trefflicher Ratgeber ist.
 Ich habe ihn erkannt und verstanden,
 daß ich jener bin,
 Ich habe bezeugt,
 daß ich selbst jener bin,
 (ihm) *vollkommen* gleich
 ... ihm.

„Ich bewahre die Hoffnung in meinem Herzen"

Wiederum sagte Mani: Mit größter Kunst und Umsicht wandelte ich in jenem Gesetz[8] und bewahrte diese Hoffnung[9] in meinem Herzen; keiner bemerkte, wer das denn ist, was bei mir ist. Den Zwilling offenbarte ich niemandem während jener sehr langen Zeit. *Keinem habe ich etwas* von dem *enthüllt*, was geworden ist und was werden

---

[8] Gemeint ist das Gesetz, nach dem die Täufer lebten.
[9] Siehe Fußnote 6.

wird, auch nicht, was das ist, was ich erkannt habe, oder was das ist, was ich empfangen habe.

Die Lehrer sagen

Als mir nun jener Hochberühmte und Hochselige (Zwilling) diese überaus großen Geheimnisse gezeigt hatte, begann er zu sprechen: „Dieses Mysterium, das ich dir enthüllt habe, *zeige* allen ... und denjenigen, denen es zu offenbaren geziemend ist, ..."

(Mani berichtet) ... *mit der Sichel*, welche Unkraut und Früchte der Erde abschneidet, die Äste aller Rebellen abzuhauen, wobei allein die Wahrheit verherrlicht wird und herrscht wie der *Vater (?) der Höhe* ...

Erwachendes Bewußtsein der Auserwähltheit und Furcht vor der großen Aufgabe

... *ich weilte unter* jenen Täufern, die mit meinem Leibe Gemeinschaft hatten; aber trotzdem trennte ich mich Schritt für Schritt von jenem Gesetz, in dem ich aufgewachsen war, weil ich über *die Maßen jene göttlichen (?)* Mysterien bewunderte, *die vor der* Menge *verborgen sind* ... (Und ich sprach zu mir): *Die Völker sind reich* an Zahl *ihrer Menschen*, ich aber bin einsam. Sie sind ja reich, ich aber bin arm. Wie werde ich also als einzelner in der Lage sein, dieses Mysterium inmitten der Menge zu enthüllen, die der Irrung *verfallen ist. Wie aber werde ich hingehen* zu den *Königen und* Hausmeiern ..., um zu reden (?)... Denn *ich bin ein Fremdling* und *arm ... und* einsam ... (während) bei dem (König ?) sehr viele Helfer sind.

Trost und Beistand des himmlischen Zwillings

Als ich das bedachte und in meinem Sinn erwog, da erschien und stand vor mir der überaus glorreiche Zwilling und sprach zu mir: *"Weshalb* hast du gesagt, daß *du* den Königen dieses Mysterium *nicht* enthüllen *kannst? Wie ich als guter* Ratgeber *dich auch sonst (?) beraten habe, bin ich auch jetzt (?) ein* Ratgeber *deines* Willens (?). *Deshalb sei guten Mutes (?) und sei* bereit, *das, was dir* offenbart *worden ist, diesen ... zu offenbaren ...* und eben dazu bist du geboren worden. Vermittle du also durch deine Lehre alles, was ich dir gegeben habe; ich aber werde jederzeit dein Beistand und Wächter sein."

Weitere Offenbarungen des Zwillings

Timotheos

(Mani berichtet:) Zu *dieser Zeit, als ich aufwuchs ... offenbarte er mir die ...* der Väter des Lichtes und alles, was in den Schiffen[10] geschieht. Er enthüllte ferner den Schoß der Säule[11], die Väter und die überaus mächtigen Kräfte, die in *eben dieser Säule* verborgen sind und *zur* Höhe des *Vaters reisen ...* er zeigte ... *meine Kirche, die gewürdigt worden ist (?),* erwählt zu werden und vor mir zu erscheinen, die errichtet und vollendet ist in ihren Lehrern und Bischöfen, Eklekten und Katechumenen[12], in den „Tischen"[13], den „Frommen Gaben"[14] und in den größten Helfern und in allem, was geschehen wird, so daß *diese* meine Kirche enthüllt wird, und in ihm, *jenem Zwilling,* auf den *meine Hoffnung gegründet ist ...*

---

[10] Gemeint sind die Lichtschiffe Sonne und Mond.
[11] In der „Säule der Herrlichkeit" bewegen sich die Lichtteile nach oben, dem Reich des Lichtes zu.
[12] Eklekten und Katechumenen sind die Erwählten und die Hörer.
[13] Die heiligen Mahlzeiten der Erwählten, bei denen sie die reinen Lichtteile in sich aufnahmen.
[14] Die Gaben, welche die Hörer den Erwählten brachten.

*Gnaden und Zeichen,
die Mani gegeben werden*

Neuer Gewährsmann

Da sprach der Herr Mani: Als jener mir wahrste und unaussprechliche *Lehren* enthüllt hatte, fiel ich vor ihm nieder und sprach: „Wird das, was ich von dir erbitte, mir gegeben werden, und wird es allezeit bei mir bleiben? Wird es dann nicht verhüllt sein, sondern durch meine Hände klar und deutlich sichtbar werden und *allen* Menschenaugen erscheinen?" *Damit* ferner die Kirche *wächst, erbitte ich* von dir *jegliche* Kraft der *Zeichen,* daß ich *sie* mit meinen Händen ... an jedem *Ort und in allen* Dörfern *und Städten* ausübe, ... daß ich *Vergebung* bringe den Sündern; daß ferner mich niemand an Weisheit übertrifft und daß ich Krankheit und Gefahr nicht erliege; und daß die Seelen der Siegreichen beim Verlassen der Welt von aller Augen gesehen werden; ... in gleicher Weise auch, daß ... daß ferner ... mich die Herrlichkeit (?) ... und daß ... ich, falls ich von Bedrängnis und Verfolgungen umfangen bin, vor meinen Feinden verborgen werde."

Da sprach jener überaus Glorreiche zu mir: „Von diesen Gaben, um die du mich gebeten hast, wird eine einigen *gegeben werden, nämlich deinen erwählten* Brüdern in dieser Generation; einigen *ist eine auch in früheren Zeiten gegeben worden,* so wie es (jeweils) *der Generation angemessen war, in der sie (die Apostel)* enthüllt wurden. *Dir aber werden alle gegeben,* teils...... *werden dir gegeben,* wie es der Generation angemessen ist, der du offenbart wurdest, auf daß du Verzeihung der Sünden jenen Sündern vermittelst, die von dir die Bekehrung empfangen und auf die reine Religion bauen, damit du befreist und *die Vergebung von* Sünden *und Beschuldigungen deiner Auswahl* vermittelst, ferner *denjenigen, die ihre* Sünden bereuen. ... Wenn du mich ferner in Bedrängnis anrufst, werde ich als dein Beistand zur Stelle sein und in jeder Bedrängnis und Gefahr meinen Schutz über dich halten. Diese Zeichen aber, um die du mich gebeten hast, werden in mir so zu erkennen sein, daß sie dir auf das deutlichste offenbart werden; denn ich werde dir *mit meiner Hand (?)* alles zeigen, *und* ich *werde dir ganz wie ein Spiegel sein, so daß die Weisheit in dir* aufgeht *und du* von Krankheit frei *wirst.* Die Zeichen der ... werden dir gegeben durch ... die Trugbilder der Lüge, die gegen sie gestellt sind; denn durch die Zeichen der Wahrheit wurden die der Lüge widerlegt." Nachdem der überaus Glorreiche mir das gesagt, mich gestärkt und ermutigt hatte zu meinem *Apostolat, verbarg er sich.*

Das Bild vom Weinstock

... gleichwie der beste *Weinstock, den durch Anpflanzung, Wässerung (?) und ... auf jegliche Weise zu hegen* und aus dem Reblinge für die Produktion seiner zahlreichen Ableger zu nehmen *dem Weinbauern obliegt,* damit so aus einem einzigen Weinstock, der von einem einzigen Samen abstammt – alles unter der Voraussetzung, daß der Bauer reichlich über sehr gutes Land verfügt, das jenen Weinstock wachsen läßt und sehr fruchtbar ist – damit so aus diesem *Weinstock die Anpflanzung vieler* Weinstöcke *geschehe*... indem der Vater... genommen hat...

(Mani reflektiert weiter über die Offenbarung des Zwillings:... Er zeigte mir) die Höhe und die Tiefe und die (ewige) Ruhe und Strafe. Er enthüllte mir Mysterien, die der Welt verborgen sind und die kein Mensch sehen oder hören darf.

Innere Trennung von den Täufern

Als ich nun alles, was ich in seiner *Erscheinung* geschaut, durchdacht hatte, ... *in der Hoffnung (?)* ... was nicht allen gegeben wird. Da trennte ich mich sogleich von den Normen jener Lehre, in der ich aufgewachsen war, und ich wurde wie ein Fremdling und Einzelgänger in ihrer Mitte, bis der Zeitpunkt kam, zu dem ich aus *jener* Lehre austrat...

Eine Predigt des Baraies,
der den Titel „Lehrer" trug

Baraies der Lehrer

Erkennt also, Brüder, und versteht alles dies, was hier aufgeschrieben ist über die Weise, in der die jetzige dieser Generation zugehörige Sendung ausgesandt wurde, wie wir von ihm belehrt worden sind, ferner auch über *seinen* Leib, *den* Pattikios (?) ... *Was er niedergeschrieben hatte, hinterließ er den Schülern, damit keiner Zweifel habe über* diese Sendung des Parakletengeistes und abtrünnigen Sinnes sage: „Erst diese haben über die Entrückung ihres Lehrers geschrieben, um sich (damit) zu brüsten."

Ferner *schrieb er* auch über das Werden seines Leibes, in gleicher Weise auch *über jene Sendung (?)* ... *Wer aber das nicht glaubt, der* geht in die Irre. Wer nämlich willig ist, soll hören und aufmerken, wie jeder einzelne der Vorväter seine Offenbarung der Auswahl gezeigt hat, die er selbst in jener Generation, in der er erschienen ist, erwählt und zusammengeführt hat; er schrieb sie auf und hinterließ sie der Nachwelt. Er sprach über seine Entrückung, sie aber predigten draußen (davon) ... *daß die Apostel* aufschreiben und ‹ihren Jüngern› zeigen, ‹diese aber› hernach ihre Lehrer, die Wahrheit und die Hoffnung, die ihnen offenbart worden sind, preisen und verherrlichen. So also hat jeder einzelne zur Zeit und im Ablauf seines Apostolates berichtet und schriftlich zur Erinnerung festgehalten, wie er seine Vision schaute, und ferner auch, wie er entrückt wurde.

Apokalypsen derer, die Mani seine Vorläufer nannte

Adam

So hat als erster Adam in seiner Apokalypse äußerst klar gesagt:

Ich sah, daß ein Engel ... enthüllt *wurde* ... (ich sprach:) *„Vor* deinem *strahlenden* Antlitz, das ich nicht kenne, *bin ich niedergefallen."* Darauf antwortete der Engel ihm:

„Ich bin Balsamos, der größte Engel des Lichtes. Deshalb empfange von mir und schreibe, was ich dir offenbare, auf ganz reinen, unzerstörbaren und wurmfesten Papyrus nieder."

Außerdem enthüllte er ihm in der Vision noch sehr viel anderes; denn sehr groß war die Herrlichkeit, die ihn umgab. Adam sah auch die Engel, Engelfürsten und die größten *Mächte* ... Adam ... und befand sich über allen Mächten und Engeln der Schöpfung. Noch vieles Ähnliche steht in seinen Schriften.

Seth

In gleicher Weise hat auch sein Sohn Seth in seiner Apokalypse Folgendes geschrieben:

Ich öffnete meine Augen und sah vor mir einen Engel, dessen *Glanz ich* nicht beschreiben könnte; *denn er war* ganz Blitz ... *Er sprach zu* mir: „..." Als ich dies hörte, freute sich mein Herz, mein Verstand wandelte sich, und ich wurde wie einer der größten Engel. Jener Engel legte seine Hand auf meine Rechte, riß mich hinweg aus der Welt, in der ich geboren worden war, und trug mich zu einem anderen Ort, der ganz gewaltig war. Hinter mir hörte ich riesigen Lärm von jenen Engeln, die ich zurückgelassen hatte in der Welt, in welcher sie sich aufhielten *und ihren Dienst versahen (?)*. Ich sah ... Menschen ... Vieles Ähnliche steht in seinen Schriften, sowohl wie er von jenem Engel aus einer Welt in die andere entrückt wurde, als auch wie dieser ihm die größten Mysterien der (göttlichen) Größe enthüllte.

Enos

Wiederum heißt es in der Apokalypse des Enos also:

Im zehnten Monat des dritten Jahres ging ich hinaus, um in der Wüste zu wandeln. Da dachte ich in meinem Herzen darüber nach, aus welchem Grund, *durch wen* und durch wessen Willen der

Himmel, die Erde, *alle* Werke *und Dinge* existieren. *Da erschien mir ein Engel. Er belehrte mich über diese Welt des* Todes; er entrückte mich in größter Stille. Mein Herz wurde schwer, es zitterten alle meine Glieder, meine Rückenwirbel wurden bei der Heftigkeit (der Bewegung) geschüttelt, und meine Füße standen nicht (still) auf ihren Gelenken. Ich gelangte zu vielen Ebenen und sah dort sehr hohe Gebirge. Der Geist entrückte mich und brachte mich mit lautloser Kraft auf den Gipfel. Dort wurden mir viele große *Visionen* enthüllt.
Wiederum berichtete er:

Der Engel *flog herab (?) und ..., und er brachte mich in den* Norden; dort sah ich riesige Berge, Engel und viele Plätze. Er sprach zu mir mit (diesen) Worten: „Der (Gott), der in seiner Macht alles übersteigt, hat mich zu dir entsandt, damit ich dir die Geheimnisse enthülle, über die du nachgedacht hast; denn du bist zur Wahrheit berufen. Schreibe alle diese Geheimnisse auf eherne Tafeln und vergrabe sie in der Wüste. Alles, was du schreibst, schreibe ganz deutlich. *Es ist* nämlich so weit, daß diese *meine* Offenbarung, *die niemals* vergeht, allen *Brüdern und* ... enthüllt wird."

Noch vieles Ähnliche steht in seinen Schriften und gibt Aufschluß über seine Entrückung und Offenbarung; denn alles, was er gehört und gesehen hatte, schrieb er auf und hinterließ es allen Späteren, die aus dem Geist der Wahrheit sind.

Sem

So sprach auch Sem ähnlich in seiner Apokalypse:

Ich dachte darüber nach, wie alle Werke entstanden sind. Beim Nachdenken entrückte mich plötzlich der Lebendige *Geist, trug* mich mit größter *Gewalt* hinauf, setzte mich auf *den Gipfel* eines *sehr* hohen Gebirges *nieder* und sprach zu *mir: „Fürchte dich nicht, sondern* gib Preis dem größten König der Ehre."

Wiederum sagte Sem:

Lautlos wurden Türen geöffnet und Wolken vom Wind zerteilt. Ich sah einen herrlichen Thronsaal von der höchsten Höhe herabkommen und einen gewaltigen Engel dort stehen. Das Erscheinungsbild seines Antlitzes war wunderschön und jung, mehr noch als der strahlende Glanz *der Sonne* und mehr noch als *der des Blitzes*. Es *leuchtete* wie *die Lichter* der Sonne; *das Gewand aber glich in seiner wunderschönen* Vielfarbigkeit einem Kranz aus Maiblumen. Da wandelte sich der Ausdruck meines Gesichtes (in Furcht), so daß ich zur Erde fiel. Meine Rückenwirbel zitterten, meine Füße standen nicht mehr fest auf ihren Gelenken. Aus dem Thronsaal neigte sich mir der Ruf einer Stimme zu, trat an mich heran, nahm mich bei der Rechten und richtete mich auf. Sie hauchte mir Lebensodem ins Gesicht und vergrößerte so meine Kraft und Herrlichkeit.

Noch vieles Ähnliche steht in seinen Schriften,

darunter auch Berichte über Enthüllungen, bei denen ihm die Engel auftrugen, sie zur Erinnerung aufzuschreiben.

Henoch

Außerdem sprach auch Henoch in seiner Apokalypse etwa so:

Ich bin Henoch, der Gerechte. Ich bin voll großer Trauer, und Tränen strömen aus meinen Augen, weil ich die Schmähung gehört habe, die aus dem Munde der Gottlosen kommt.
Er sagte:
Als die Tränen in meinen Augen standen und Flehen auf meinen Lippen, sah ich, wie sieben Engel vom Himmel herabkamen und zu mir herantraten. *Bei* ihrem *Anblick* wurde ich so von Furcht erschüttert, daß meine Knie schlotterten.
Ferner heißt es so:
Zu mir sprach einer der Engel, Michael mit Namen: „Deshalb wurde ich zu dir entsandt, damit wir dir alle Werke zeigen und dir das Land der Seligen enthüllen und damit ich dir das Land der Gottlosen zeige und wie der Ort der Strafe für die Sünder aussieht."
Ferner sagt er:
Jene setzten mich auf einen Windwagen und brachten mich zu den Enden der Himmel. Wir durcheilten die Welten, die Welt *des Todes*, die Welt *der Finsternis* und die Welt des Feuers. Da-

nach brachten sie mich in eine Welt voll übergroßen Reichtums, die wegen ihres Lichtes größten Ruhm verdient und schöner ist als alle Gestirne, die ich gesehen habe.

Er schaute alles und befragte die Engel; und was sie ihm sagten, schrieb er in seinen Schriften auf.

Paulus

So wissen wir auch vom Apostel Paulus, daß er bis zum dritten Himmel entrückt wurde[15], wie er in seinem Brief an die Galater[16] schrieb:

Ich Paulus, Apostel nicht im Auftrag von Menschen und nicht durch einen Menschen, sondern durch *Jesus* Christus und Gott Vater, der ihn von den Toten auferweckt hat.

Im zweiten Brief an die Korinther[17] sagt er:

Ich komme ferner zu den Gesichten und Offenbarungen des Herrn. Ich weiß, daß ein Mensch in Christus – ob im Leib oder außerhalb des Leibes, weiß ich nicht, Gott weiß es – ins Paradies entrückt wurde und geheime Worte hörte, die kein Mensch aussprechen darf. Darauf bin ich stolz, nicht aber auf mich selbst.

---

[15] 2. Brief an die Korinther 12,2.
[16] 1,1.
[17] 12,2–5.

Wiederum in dem Brief an die Galater[18]:

Ich zeige Euch, Brüder, daß ich das Evangelium, das ich euch verkündet habe, nicht von einem Menschen empfangen und gelernt habe, sondern *durch* die Offenbarung Jesu *Christi*.

Paulus, gleichsam außer sich, wurde in den dritten Himmel und ins Paradies entrückt[19]; er sah und hörte; und daher schrieb er über seine Entrückung und Sendung in Andeutungen für die, welche mit ihm in die Geheimnisse eingeweiht sind.

Um zum Schluß zu kommen, alle hochseligen Apostel, Heilande, Evangelisten und Propheten der Wahrheit, jeder einzelne von ihnen schaute die lebendige Hoffnung in dem Maße, in dem sie ihm zur Verkündigung enthüllt wurde; sie schrieben sie auf, hinterließen und hinterlegten sie zur Erinnerung für die künftigen Söhne des *Heiligen* Geistes (?), die *seine* Stimme wahrnehmen und erkennen werden.

In dieser Weise folgt auch für den hochlöblichen Apostel Mani, durch den und von dem uns die Hoffnung und das Erbe des Lebens[20] gekommen ist, daß er die Berichte für uns aufgeschrieben hat,

---

[18] 1,11–12
[19] 2. Brief an die Korinther 12,2.
[20] Beide Wendungen bezeichnen die manichäische Religion; siehe auch den Text bei Fußnote 6.

für seine Nachfahren, Glaubensgenossen und Sprößlinge im Geiste, die von seinen leuchtenden Wassern Wachstum empfangen, damit sie seine Entrückung und Offenbarung erkennen; denn wir wissen, Brüder, wie groß im Verhältnis zu uns das Übermaß der Weisheit bei dieser Herabkunft des Parakleten der Wahrheit[21] ist. *Wir bekennen*, daß er die Wahrheit nicht von Menschen empfangen und auch nicht in Büchern gelesen hat, wie auch unser Vater selbst in seinem Brief nach Edessa gesagt hat.

Aus Manis Brief an die Stadt Edessa

Er schreibt nämlich so:

Die Wahrheit und die Geheimnisse, über die ich rede, auch die Handauflegung[22], die bei mir ist, habe ich nicht von Menschen oder fleischlichen Geschöpfen und auch nicht durch den Umgang mit Schriften empfangen. Als mich vielmehr mein seligster *Vater*, der mich in seine Gnade berufen hat und mich *und* die anderen in der Welt nicht zugrunde gehen lassen *wollte*, erblickte und sich *meiner* erbarmte, um denen, die bereit sind, sich durch ihn aus den Religionen erwählen zu lassen, das selige Leben zu geben, da zog er mich in seiner Gnade aus der Gemeinschaft der Menge her-

---

[21] Der Paraklet der Wahrheit ist Mani.
[22] Siehe oben Fußnote 5.

aus, welche die Wahrheit nicht kennt. Er enthüllte mir die Geheimnisse über sich selbst, über seinen unbefleckten Vater sowie die der ganzen Welt. Er zeigte mir, wie sie vor der Schöpfung der Welt waren, wie das Fundament aller guten und schlechten Werke gelegt wurde, und wie sie (die Väter) *das aus* der Vermischung Gebildete erbauten *in* diesen *jetzigen Zeiten und Welten (?)*.

Aus Manis Lebendigem Evangelium

Wiederum schrieb *und* sagte er in dem Evangelium seiner heiligsten Hoffnung:

Ich Mani, Apostel Jesu Christi durch den Willen Gottes, des Vaters der Wahrheit, aus dem ich bin, der lebt und bleibt in alle Ewigkeit, der vor allem war und der nach allem sein wird. Alles, was geworden ist und was werden wird, besteht durch seine Kraft. Denn aus ihm bin ich geworden, und gleichfalls bin ich aus seinem Willen. Aus ihm wurde mir alles Wahre enthüllt, und ich bin aus seiner Wahrheit. Die *Wahrheit der Aeonen, die er mir enthüllte,* habe ich gesehen. Ich habe die Wahrheit meinen Mitreisenden gezeigt, den Frieden habe ich den Kindern des Friedens verkündet; die Hoffnung habe ich dem unsterblichen Geschlecht gepredigt; die Auswahl habe ich erwählt und den Weg, der in die Höhe führt, habe ich denen gezeigt, die gemäß dieser Wahrheit hinaufsteigen. Die Hoffnung habe ich gepredigt, die Offenbarung offenbart und dieses unsterbliche Evangelium aufgeschrieben, in das ich diese alles Maß übersteigenden Mysterien und die größten Werke eingeschlossen und in ihm aufgezeigt habe, die größten nämlich und erhabensten der hochmächtigen, *alles Maß übersteigenden* Werke. Was *er offenbart hat*, das habe ich denen gezeigt, die *leben* aus der Schau voller Wahrheit, die ich geschaut habe, und aus der herrlichsten Offenbarung, die mir offenbart worden ist.

Ferner sagte er:

Alle Geheimnisse, die mir mein Vater geschenkt hat, habe ich vor den Sekten und Heiden, ferner auch vor der Welt verborgen und verhüllt, euch aber nach dem Wohlgefallen meines glückseligsten Vaters offenbart. Wenn es ihm abermals gefallen sollte, gebe ich euch wieder eine Offenbarung; denn die Gabe, die mir mein Vater gegeben hat, ist sehr groß und *reich*. Wenn nämlich die *ganze* Welt und alle Menschen sich ihm unterordneten, dann wäre ich genug, mit ebendiesem Besitz und Gewinn, den mir mein Vater geschenkt hat, sie reich zu machen und dafür zu sorgen, daß die Weisheit für die ganze Welt ausreicht.

Wiederum sagte er:

Als es meinem Vater gefiel und er mich in sein Erbarmen und seine Fürsorge aufnahm, da sandte er von dort meinen Zwilling, der höchst zuverlässig, der die umfassende Frucht des ewigen Lebens ist, damit mich dieser aus diesen Irrungen der Anhänger jenes Gesetzes loskaufte und erlöste. Er ist zu mir gekommen und hat mir die beste Hoffnung, die Erlösung zum ewigen Leben, die Lehren der Wahrheit und die von meinem Vater herabkommende Handauflegung gebracht. Durch sein Kommen wählte er mich vor den anderen aus und, mich zu sich ziehend, trennte er mich von den Anhängern jenes Gesetzes, in dem ich aufgewachsen war.

Ende der Predigt des Baraies

In den Büchern unseres Vaters stehen noch viele ähnliche alles Maß übersteigende Begebenheiten, welche seine Offenbarung und die Entrückung zu seiner Sendung beweisen; denn gewaltig groß ist dieses Übermaß der jetzigen Ankunft, die durch den Parakletengeist der Wahrheit zu *uns* kommt. Wozu nämlich und warum sind wir hiermit befaßt, da wir doch ein und für alle Mal überzeugt sind, daß dieses Apostolat durch seine Offenbarungen alles Maß übersteigt? Deshalb sind wir von unseren Vorvätern ausgegangen und haben ihre Entrückung und die Offenbarung eines jeden von ihnen dargelegt: wegen der Gedanken derer, die den Unglauben angezogen haben und etwas (Falsches) über diese Offenbarung und Vision unseres Vaters glauben; sie sollen wissen, daß auch der Auftrag an die früheren Apostel solcher Art war. Als ein jeder von ihnen entrückt wurde, schrieb er *das alles* auf, *was* er gesehen und gehört hatte, berichtete es und wurde selbst zum Zeugen seiner Offenbarung. Seine Schüler aber wurden zum Siegel seiner Sendung.

*Aus einer anderen Predigt des Baraies
Manis Einsamkeit unter den Täufern*

Wir also, Brüder, wir Kinder des Geistes unseres Vaters, die wir dieses gehört und vernommen haben, wollen uns darüber freuen und so sein Erscheinen in geistiger Weise verstehen, wie er im Auftrag *seines* Vaters ausgesandt wurde, wie er seinem Leib nach gezeugt wurde, wie sein hocherhabener Zwilling zu ihm kam und ihn von dem Gesetz trennte, in dem sein Leib aufgewachsen war; denn im 25. Lebensjahr wurde ihm der Zwilling auf großartige Weise enthüllt. Als er nämlich noch in jener Sekte der Täufer lebte, glich er einem Lamm, das in einer fremden Herde zu Hause ist, oder einem Vogel, der unter anderen Vögeln weilt, die nicht dieselbe Sprache sprechen. Immer bewegte er sich nämlich während jener ganzen Zeit mit Weisheit und Gewandtheit in ihrer Mitte, ohne daß einer von ihnen erkannte, wer er war, was er empfangen hatte und was ihm offenbart worden war. Vielmehr behandelten sie ihn gemäß der Wertschätzung seines Leibes[23].

---

[23] D. h. gemäß der Wertschätzung seiner irdischen Person.

Auseinandersetzung und Bruch mit den Täufern

Der Schatz Gottes

Abiesus der Lehrer und Innaios,
der Bruder des Zabed

Der Herr Mani sprach: Als ich in ihrer Mitte wohnte, nahm mich eines Tages Sitaios, der Presbyter ihres Synhedrions [24], der Sohn des Gara, bei der Hand, weil er mich sehr gern hatte und mich als seinen geliebten Sohn betrachtete. Er nahm mich also bei der Hand, als niemand anders zugegen war, und nachdem er ein Stück Weges gegangen war, *grub er* gewaltige Schätze *aus* und zeigte sie mir. Er sprach zu mir: „Mir gehören diese Schätze und ich kann über sie verfügen. Von jetzt an aber sollen sie dir gehören. Ich habe nämlich keinen anderen so gern wie dich, dem ich diese Schätze geben will." Als er so zu mir geredet hatte, sprach ich bei mir: „Vor ihm hat mich bereits mein seligster Vater (bei der Hand) genommen und mir einen unsterblichen und unvergänglichen Schatz

---

[24] Das Synhedrion war der aus den Presbytern gebildete Rat, der später auch zusammengerufen wurde, als es zur dogmatischen Auseinandersetzung mit Mani kam.

geschenkt. Wenn ihn einer erbt, wird er von ihm (dem Schatz) das ewige Leben empfangen." Ich erwiderte also dem Presbyter Sita: „Wo sind unsere Vorfahren, die diese irdischen Schätze vor uns als Erben besessen haben? Siehe, sie starben und gingen zugrunde, sie besaßen die Schätze nicht als ihr Eigentum und nahmen sie auch nicht mit sich fort."

Er sagte zu ihm: „Was nützen mir also diese Schätze, welche jeden, der sie besitzt, zu Fehltritten und Vergehen verführen. Der Schatz Gottes ist nämlich der größte und reichste und führt jeden, der ihn erbt, zum Leben." Als Sitaios sah, daß ich mich nicht zur *Annahme* der Schätze überreden ließ, welche er mir gezeigt hatte, wunderte er sich sehr über mich.

Das Gesicht vom dunklen Wasser und der lichtvollen Mole

Timotheos

Da erwog ich kurze Zeit später, Sita und jenen Mitgliedern des Synhedrions etwas von dem zu sagen, was mir mein allerseligster Vater enthüllt hatte, und ihnen den Weg der Heiligkeit zu zeigen. Während ich dies bedachte, hatte ich ein Gesicht: Die ganze Welt war wie ein Meer voll tiefschwarzen Wassers. *Ich sah,* wie Tausende und

Abertausende, die in es hinein stürzten, untergingen, auftauchten und in allen vier Himmelsrichtungen umhertrieben. Ich sah weiter, daß in der Mitte des Meeres eine Mole errichtet war; sie war sehr hoch, und nur auf ihr leuchtete ein Licht; ein Weg war dort angelegt, und ich ging darauf einher. Als ich mich rückwärts wandte, sah ich, daß Sita sich an einem Mann festhielt, der (seinerseits) von einem anderen Mann gehalten wurde, und daß er, als er stürzte und unter die Wogen geriet, inmitten des Meeres und des Dunkels umkam. Ich konnte nur (noch) etwas von seinem Haaren sehen, so daß ich *um Sita* sehr *bekümmert war*. Jener aber, der Sita (ins Meer) geworfen hatte, sprach zu mir: „Weshalb bist du um Sita bekümmert? Er gehört ja nicht zu deiner Auswahl und wird nicht auf deinem Weg wandeln." Nach diesem Gesicht habe ich also Sita nichts enthüllt. Ferner sah ich später, als ich das Wort der Wahrheit predigte, daß er sich meinem Wort widersetzte.

Angriff auf die Lehren der Täufer
„Die Taufe, mit der ihr eure Speisen tauft, hat keinen Wert"

Baraies der Lehrer

Mein Herr Mani sagte: Lange genug habe ich in jenem Gesetz mit jedem einzelnen gesprochen; ich habe mich zu Wort gemeldet und sie über den Weg Gottes, die Vorschriften des Heilands, die Taufe, die von ihnen praktizierte Gemüsetaufe und über jegliche Satzung und Vorschrift ausgefragt, nach der sie leben.

Als ich ihre Lehren und Mysterien für null und nichtig erwies und ihnen dabei zeigte, daß sie ihren Lebenswandel nicht aus den Geboten des Heilands entnommen haben, bewunderten mich einige von ihnen, andere aber zürnten und sagten wütend: „Will er etwa zu den Griechen gehen?" Als ich ihre Gedanken erkannte, sagte ich zu ihnen in Güte: „Die Taufe, mit der ihr eure Speisen tauft, hat *keinen* Wert; denn dieser Leib ist unrein und wurde in einer unreinen Schöpfung geformt. Seht (den Beweis): Wenn jemand seine Nahrung gereinigt und zu sich genommen hat, nachdem sie bereits im Zustand der (rituellen) Reinheit war, dann entstehen, wie uns klar ist, aus ihr Blut, Galle, Winde, schändlicher Kot und die Unreinheit des Leibes. Aber wenn sich jemand einige Tage lang dieser Nahrung enthält, so zeigt sich auf der Stelle, daß alle *diese* schändlichen und ekelhaften

Ausscheidungen im Körper ausbleiben und weniger werden; wenn *er aber dann* Nahrung zu sich nimmt, dann werden sie entsprechend wieder zahlreicher im Leib. Das beweist, daß sie aufgrund eben der Nahrung an Zahl zunehmen. Wenn aber jemand getaufte und gereinigte Speise und (hinwieder) jene ungetaufte zu sich nimmt, dann erkennt man offensichtlich, daß die Schönheit und die Kraft des Körpers dieselbe ist; entsprechend zeigt sich auch, daß sich die Ekelhaftigkeit und der Bodensatz in beiden Fällen nicht voneinander unterscheiden. Folglich ist jene getaufte Speise, welche er abgestoßen und ausgeschieden hat, nicht besser als jene *andere* ungetaufte.

Auch das aber hat keinen Wert, daß ihr euch jeden Tag im Wasser tauft. Warum tauft ihr euch denn erneut jeden Tag, nachdem ihr einmal getauft und gereinigt seid? Gerade dadurch wird ja deutlich, daß ihr euch jeden Tag vor euch ekelt und euch wegen des Ekels tauft, ohne je rein werden zu können. Gerade dadurch zeigt sich ja aufs deutlichste, daß die Ekelhaftigkeit vom Leib kommt. Siehe, auch ihr seid damit bekleidet.

„Die Reinheit, von der geschrieben steht, ist die Reinheit durch Gnosis"

Daher betrachtet an euch selbst, *was es* mit eurer Reinheit *auf sich hat*. Es ist nämlich unmöglich, euren Leib ganz rein zu machen; denn jeden Tag gerät der Leib in Bewegung und kommt (wieder) zur Ruhe, weil die Nahrungsrückstände ausgeschieden sind. Folglich handelt ihr in dieser Sache ohne das Gebot des Heilands. Die Reinheit, von der geschrieben steht, ist also die Reinheit durch die Gnosis, das heißt die Trennung des Lichts von der Finsternis, des Todes vom Leben und der lebendigen Wasser von den erstarrten. *Ihr sollt deshalb erkennen, daß ein jedes von seinem Gegensatz wesensverschieden ist*, und *dann werdet ihr* die Gebote des Heilands *halten*, damit er *eure* Seele von der *Vernichtung* und dem Verderben erlöst. Das ist die in Wahrheit rechte Reinheit, die zu verwirklichen euch aufgegeben ist. Ihr seid jedoch davon abgewichen, habt die Waschungen eingeführt und praktiziert die Reinigung des Leibes, der sehr unrein und in Ekelhaftigkeit geformt worden ist: durch sie gerann er, wurde errichtet, und bekam Bestand.

Verwirrung bei den Täufern
„Wer ist Mani?"

Als ich dies zu ihnen gesprochen und als null und nichtig erwiesen hatte, was sie *mit Eifer betrieben*, da staunten einige von ihnen über mich, priesen mich und sahen mich als Oberhaupt und Lehrer an. Aber es entstand *viel (?)* Getuschel über mich in jener *Religionsgemeinschaft.* Einige von ihnen hielten mich für einen Propheten und Lehrer; einige von ihnen sagten: „Das lebendige Wort wird durch ihn verkündet; wir wollen ihn zum Lehrer unserer Religion machen!" Andere sagten: „Hat vielleicht eine Stimme im Verborgenen zu ihm gesprochen, und sagt er, was sie ihm enthüllt hat?" Die einen sagten: „Ist ihm ein Traumgesicht erschienen, und sagt er das, was er geschaut hat?" Andere wieder sagten: „Ist er nicht der, von dem unsere Lehrer so prophezeit haben: ,Ein junger Mann wird sich in unserer Mitte *erheben,* und ein neuer Lehrer wird auftreten; es wird dahin kommen, daß er unsere gesamte Lehre aufheben wird.' So haben unsere Vorväter (es) über die Ruhe des Gewandes verkündet.'" Andere sagten: „Ist es etwa Irrtum, der aus ihm redet? Will er unser Volk in die Irre führen und unsere Religion spalten?" Andere unter ihnen waren voller Neid und Zorn; von diesen erklärten sich einige für meinen Tod; andere sagten: „Dieser ist der Feind unseres *Gesetzes."* Die einen sagten: „Will er zu den Heiden gehen und *Griechen*brot essen?[25]" *Andere aber (?):* „Ja, wir haben ihn sagen hören: ,Man soll Griechenbrot essen.'" Ebenso sagt er, es sei angemessen, Getränke, Weizen, Gemüse und Obst zu essen, deren Verzehr unsere Väter und

---

[25] Die Täufer aßen als Judenchristen ungesäuertes Brot. Als Griechenbrot wird hier das gesäuerte Brot bezeichnet.

Lehrer strikt untersagt haben. In der gleichen Weise hebt er auch die Taufe auf, in der wir uns taufen. Er tauft sich nicht wie wir, und er tauft auch sein Essen nicht, wie wir es tun."

Die Synode der Täufer
Was hat Christus wirklich gelehrt?

Da sahen Sita und seine Anhänger, daß ich nicht zu ihrer *Überzeugung* kommen würde, *sondern* nach und nach ihr Gesetz, ihre Speiseverbote und die Taufe, die ich nicht in ihrer Weise praktizierte, als null und nichtig erwies. Als sie also sahen, daß ich mich ihnen in allen diesen Dingen widersetzte, da veranstalteten Sita und die Gruppe seiner Mitpresbyter meinetwegen eine Synode. Sie luden auch den Hausvorsteher Pattikios vor und sagten ihm: „Dein Sohn ist von unserem Gesetz abgefallen und will in die Welt gehen. Wir *verschmähen* Weizenbrot, (gewisses) Obst und Gemüse und essen es *nicht*; er aber folgt diesen (Verboten) nicht und erklärt, man müsse sie aufheben." Andere aber (*sagten (?)*): „Er tauft sich nicht wie wir (?). Aber *Griechen*brot will er essen." Weil Pattikios ihre übergroße Erregung sah, sprach er zu ihnen: „Ruft ihn und überzeugt ihn."

Da forderten sie mich auf, vor ihnen in der Versammlung zu erscheinen, und sprachen zu mir: „Seit deiner Kindheit bist du bei uns und hast ohne Tadel in den Vorschriften und Lebensweisen unseres Gesetzes gelebt. Wie eine sittsame Braut warst du in unserer Mitte. Was hast du erlebt, oder welche Vision hast du gehabt? Denn du *widersetzt dich* unserem *Gesetz* und erklärst unsere *Lehre* für null und nichtig. Du gehst einen anderen Weg als wir. Dein Vater steht doch bei uns in höchstem Ansehen. Weshalb hebst du jetzt die Taufe unseres Gesetzes und des Gesetzes unserer Väter auf, in dem wir seit alters her leben? Du hebst sogar die Gebote des Heilands auf! Du willst sogar Weizenbrot essen und (solches) Gemüse, das wir nicht essen! Warum lebst du in dieser Weise und nimmst es nicht auf dich, die Erde zu beackern, wie wir das tun?"

Da sprach ich zu *ihnen*: „Beileibe *hebe* ich die Gebote des Heilands nicht *auf*. Wenn ihr mich aber wegen des Weizenbrotes *tadelt*, weil ich gesagt habe: ‚Man soll davon essen', so hat es der Heiland gegessen. Es steht auch geschrieben: Als er segnete und austeilte, sprach er den Segen über das Brot und gab (es) seinen Jüngern. War also jenes Brot nicht von Weizen? (Die Bibel) zeigt, daß er mit Zöllnern und Götzendienern speiste[26]. In gleicher Weise wurde er auch ins Hause der Martha und Maria eingeladen. Als Martha zu ihm sagte: ‚Herr, liegt dir nichts an mir und willst du

---

[26] nach Matth. 9,10–11 und Parallelstellen und 11,18–19.

nicht meiner Schwester sagen, sie solle mir helfen', sprach der Heiland zu ihr: ‚Maria wählte für sich den besseren Teil, und er wird ihr nicht genommen werden'" [27].

„Beachtet ferner, daß auch die Jünger des Heilands Brot von Frauen und Götzendienern aßen und dabei keinen Unterschied machten zwischen Brot und Brot und auch nicht zwischen Gemüse und Gemüse; auch beschafften sie sich ihr Essen nicht durch eigenhändige Arbeit und Bestellung des Bodens, wie ihr es heutzutage tut. Gleichfalls, als der Heiland seine Jünger aussandte, um an jedem Ort seine Botschaft zu verkünden, trugen sie weder einen Mühlstein noch ein Backgeschirr mit sich herum, ferner *auch nicht (?)* ..."

... und was hat der Gründer der Täufersekte, Elchasaios, wirklich gelehrt?

Zacheas

„Wenn ihr mich nun wegen der Taufe anklagt, wohlan denn, ich zeige euch anhand eures Gesetzes und der Offenbarungen, die euren Führern zuteil geworden sind, daß man sich nicht taufen darf."

---

[27] nach Luk. 10,38–42.

„Das legt nämlich Alchasaios, der Stifter eures Gesetzes, dar. Als er sich nämlich (einmal) in einem Wasser waschen ging, sah er in der Wasserquelle die Erscheinung eines Mannes. Diese sprach zu ihm: ‚Ist es nicht genug, daß deine Tiere mich schlagen? Sogar du selbst mißhandelst *meinen Ort* und frevelst gegen mein Wasser!' Daher *wunderte sich* Alchasaios und sprach zu der Erscheinung: ‚Die Hurerei, der Schmutz und die Unreinheit der Welt werden auf dich geworfen, und du verwehrst es nicht. Bei mir aber betrübst du dich!' Sie antwortete ihm: „Es mag ja sein, daß alle diese nicht erkannt haben, wer ich bin. Aber warum hast du mich nicht in Ehren gehalten, der du behauptest, ein Gottesdiener und Gerechter zu sein?' Da war Alchasaios betroffen und wusch sich nicht in dem Wasser."

„Wiederum, nach langer Zeit, wollte er sich in einem Wasser waschen und beauftragte seine Jünger, einen Ort *mit wenig* Wasser zu suchen, damit er sich darin wüsche. Seine Jünger *fanden den* Ort für ihn. Als er sich *anschickte,* sich zu waschen, da sah er abermals auch in jener Quelle die Erscheinung eines Mannes. Sie sprach zu ihm: ‚Wir und jene Wasser im See sind eins. Du bist nun auch hierhin gekommen, um gegen uns zu freveln und uns zu schlagen.' Alchasaios zitterte heftig und war betroffen. Er ließ den Schmutz auf seinem Haupte trocknen und *schüttelte* ihn dann ab."

Wiederum legt (Mani) dar, daß Alchasaios Pflüge

besaß. Er hatte sie irgendwo *abgestellt* und ging *zu* ihnen hin. *Die Erde* aber ließ sich vernehmen und sprach zu ihm: *"Warum* zieht ihr aus mir euren Gewinn?" Da nahm Alchasaios Brocken von jener Erde, die zu ihm gesprochen hatte, weinte, küßte sie, nahm sie an seine Brust und begann zu sprechen: „Dies ist das Fleisch und das Blut meines Herrn" [28].

Wiederum sagte Mani, daß Alchasios seine Jünger dabei antraf, als sie Brot buken und das Brot deshalb zu Alchasios sprach. Dieser aber ordnete an, kein Brot mehr zu backen.

Wiederum legt Mani dar, daß der Täufer Sabbaios Gemüse zu dem Presbyter der Stadt bringen wollte. Da weinte jenes Gemüse und sprach zu ihm: „Bist du nicht ein Gerechter? Bist du nicht ein Reiner? Weshalb bringst du uns zu den Buhlen?" So war Sabbaios betroffen über das, was er gehört hatte, und brachte das Gemüse zurück.

Wiederum legt Mani dar, wie eine Dattelpalme sich mit Ajanos, dem Täufer von Kōchē..., unterhielt und ihm den Auftrag gab, „meinem Herrn" zu sagen: „Fälle mich ja nicht, weil meine Früchte gestohlen worden sind! Laß mich vielmehr dieses Jahr stehen, und ich werde dir soviel Früchte geben, wie *aus mir in* allen *diesen* Jahren gestohlen worden sind." Sie gab auch den Auftrag, jenem

---

[28] nach Matth. 26, 26–27.

Mann, der ihre Früchte gestohlen hatte, zu sagen: „Komm jetzt nicht meine Früchte stehlen! Solltest du aber kommen, dann werfe ich dich aus der Höhe herab, und du wirst sterben."

Timotheos

Da sprach ich zu ihnen: „Blickt auf diese hervorragenden Männer eures Gesetzes, die diese Visionen gesehen haben, darob bewegt waren und sie den anderen verkündeten. In gleicher Weise (?) tue ich alles, was ich *von jenen* gelernt habe."

Handgreiflichkeiten am Ende der Synode

Als ich so zu ihnen gesprochen und ihre Reden zunichte gemacht hatte, ergrimmten sogleich alle so sehr, daß einer von ihnen sich erhob und mich schlug. Sie hielten mich in ihrer aller Mitte fest und verprügelten mich. Sie packten mich bei den Haaren wie einen Feind. Sie schrien mich in Bitternis und Zorn wie einen Irrgläubigen an, so laut sie konnten, und aus Neid, der sie überkommen hatte, wollten sie *mich erwürgen*. Weil aber Pattikios, der Hausvorsteher, sie anflehte, sich *aus Zorn (?) nicht* an denen zu versündigen, die in ihrer Mitte weilen, nahmen sie Rücksicht und ließen mich gehen. Nach dieser Versuchung zog ich mich abseits zurück, nahm Gebetshaltung ein und bat unseren Herrn flehentlich um seinen Beistand.

Verzweiflung Manis

Als ich mein Gebet beendet hatte und ganz betrübt war, *erschien* mir gegenüber mein allerseligster Zwilling – er ist (mein) Herr und Helfer – und er sprach zu mir: „Sei nicht betrübt und weine nicht!" Ich sagte zu ihm: „Wie sollte ich nicht betrübt sein? *Denn die Männer* in dieser *Religion*, bei denen ich *seit meiner Kindheit* weilte, haben ihre Meinung (über mich) geändert und sind meine Feinde geworden, weil ich mich von ihrem Gesetz getrennt habe. Wohin soll ich denn gehen? Alle Religionen und Sekten sind Feinde des Guten. Ich bin fremd und einsam in der Welt. Als in dieser Religion, deren Gläubige Lesungen halten über die Reinheit, Geißelung des Fleisches und das Einhalten der ‚Ruhe der Hände', die *zudem* mich allesamt kennen und daher mehr als die Anhänger der (anderen) Religionen den Wert (?) *meines* Leibes *zu schätzen wissen*, als also meines Leibes Aufzucht, Pflege und Fürsorge in dieser Religion stattfand, hatte ich auch mit ihren Vorstehern und Presbytern Kontakt, soweit sich das bei der Aufzucht meines Leibes ergab. Wie werden denn, wenn diese mir keinen Raum zur Aufnahme der Wahrheit gegeben haben, die Welt, ihre Fürsten und ihre Schulen mich aufnehmen, um diesen Geheimnissen zuzuhören und diese schweren Vorschriften anzunehmen? Wie werde ich das Wort ergreifen vor den Königen dieser Welt, *ihren Für*-

sten, Männern von Rang und den Führern der Religionen? Siehe, sie sind gewaltig und üben Macht aus mit ihrem Reichtum, ihrer Selbstherrlichkeit und ihrem Geld. Ich aber bin allein und arm in diesen Dingen."

Aussendung Manis

Da sprach also der Allerherrlichste zu mir: „Du bist nicht nur zu dieser Religion ausgesandt worden, sondern zu jedem Volk, jeder Schule, jeder Stadt und jedem Ort; denn *von dir* wird *diese* Hoffnung in allen *Zonen* und Gegenden *der Welt* erklärt und verkündet werden. Sehr viele werden es sein, die dein Wort aufnehmen. Darum tritt hervor und zieh umher; denn als dein Helfer und Beschützer werde ich an jedem Ort bei dir sein, an dem du alles verkündest, was ich dir offenbart habe. Deshalb mache dir keine Sorgen und sei nicht betrübt."

Sehr zahlreich sind also die Worte, die er zu mir sprach, als er mir Mut machte und mir durch seine Hoffnung Zuversicht gab. Ich fiel vor ihm nieder und mein Herz freute sich über den *wunderschönen* Anblick jenes Allerherrlichsten und Erhabensten, meines allerseligsten Zwillings. *Ich sprach* zu ihm: „*Wer wird mir folgen, wenn ich hervortrete?*" Denn Pattikios ist ja ein alter Mann; er war schon erschüttert, als er nur einen einzigen Kampf mir zufallen sah." Da sprach jener zu mir.: „Tritt hervor und ziehe umher; denn siehe, zwei Männer aus jenem Gesetz werden zu dir stoßen und deine Gefolgsleute sein. Gleichfalls wird auch Pattikios der erste deiner Auswahl sein und dir nachfolgen."

Damals kamen also zwei junge Männer von den Täufern zu mir, *Simeon* und Abizachias, die meine Nachbarn gewesen waren. *Sie kamen* zu mir, um mich überallhin zu begleiten, und sie waren *als* Gehilfen bei mir, *wohin* wir *auch gingen.*

Manis erste Missionsreisen

Bilder für Mani, den neuen Apostel

Ich trat also nach dem Willen unseres Herrn aus jenem Gesetz hervor, um seinen allerschönsten ‚Samen auszusäen'[29], seine hellsten Leuchten anzuzünden, die lebendigen Seelen[30] aus der Botmäßigkeit der Rebellen zu erlösen, in der Welt nach dem Ebenbild unseres Herrn Jesu zu wandeln, um ‚Schwert'[31], ‚Spaltung'[32] und die ‚Klinge des Geistes'[33] auf die *Erde* zu werfen, das ‚*Brot*' auf *mein* Volk ‚träufeln zu lassen'[34], um die *maßlose* Schande *zu besiegen*, die sich in der *Welt* befindet, und ... Ich kam ins Ausland und in die Fremde wie ‚ein Schaf im Anblick der Wölfe'[35], damit sich durch mich die Gläubigen von den Ungläubigen, ‚der beste Samen aus der Mitte des Unkrautes, die Kinder des Königreiches von den Kindern des

---

[29] nach Matthäus 13,37.
[30] nach Genesis 2,7; 1. Brief an die Korinther 15,45.
[31] nach Matthäus 10,34.
[32] nach Lukas 12,51.
[33] nach dem Brief an die Epheser 6,17.
[34] nach Exodus 16,4.
[35] nach Matthäus 10, 16; Lukas 10.3.

Feindes'[36] und die Nachkommen der Höhe von den Sprößlingen der Tiefe absondern und erwählt werden; so scheidet der Vater durch mich die Seinen von den Fremden.

Damals wurde ich also nach dem Wohlgefallen meines allerseligsten Vaters *ausgesandt,* um *in der Welt* einherzuziehen, so daß durch mich die Schöpfung *geheiligt (?)* werde *und* er *durch* mich die Wahrheit *seiner* Gnosis in der Mitte der Religionen und Völker sichtbar werden lasse sowie in mir den Königen der Erde und den Fürsten der Welt entgegentrete, um aus allen das Seine zu sich zu nehmen.

Heimlicher Aufbruch nach Ktesiphon

In dieser Weise war ich hervorgetreten, wobei kein Anhänger jener Religion gemerkt hatte, wohin wir gingen. Wir zogen umher, bis wir *(den Fluß) überquerten und nach* Ktesiphon[37] kamen. Als ich *bei Hochwasser* des Flusses[38] *nicht weiter ziehen konnte,* sah *einer* der Täufer, *daß ich dort verweilte.* Ich hatte ja doch damals, als ich von Pattikios *wegging,* diesem *nicht* gesagt, wohin ich ginge; daher war Pattikios um meinetwillen traurig und weinte. Er

---

[36] nach Matthäus 13.25 ff.; 13,38 f.; Markus 4,15; Lukas 8,12.
[37] Die Stadt befand sich etwa dort, wo heute Bagdad liegt.
[38] Gemeint ist der Tigris.

verließ seine Gemeinde und suchte die umliegenden Synoden auf; und er konnte mich doch nicht finden. Er weinte daher und trauerte, und die Täufer standen ihm tröstend bei. Da kam jener Mann, der mich gesehen hatte, zu ihnen und, als er sah, daß sie in Trauer waren, sagte er zu ihnen: „Weshalb *trauert* ihr?" Sie antworteten *ihm*: „Wegen Mani, *weil* er wegging und wir nicht *wissen*, wohin er gegangen ist. *Wir fürchten*, daß *man* ihn *selbst mit Suchen (?) nicht finden (?)* wird." Er *aber* sagte *zu* ihnen: „Ich habe ihn auf der Brücke gesehen, als ich in die Städte[39] hinüberging." Als Pattikios (das) hörte, freute er sich und machte sich auf, um zu mir nach Ktesiphon zu kommen.

Wiedersehen mit dem Vater Pattikios

Als er dort ankam, fand er mich nicht. Er ging wieder fort und stellte Erkundigungen an. So kam er und *fand* mich außerhalb der Stadt *in* einem Dorf namens Nasēr in der Versammlung der *Heiligen*. Sobald aber Pattikios *mich sah, trat* er heran, *küßte und* umarmte mich *und fiel* vor mir *zu Boden*. Unter Tränen *sprach er zu mir*: „*Mein Sohn, was hast du getan? Denn siehe, deinetwegen (?)* war ich traurig, weil ich glaubte, daß du umgekommen seiest und ich dich nicht mehr wiedersähe. Ich sprach (bei mir):

---

[39] Ktesiphon als Teil der Doppelstadt Ktesiphon/Kōchē.

‚Wen soll ich rufen? Wer wird mir gehorsam sein? Wen könnte ich vor meinen Augen sehen? Wem soll ich mein Leid klagen, oder wem die Geheimnisse meines Herzens eröffnen?' Ich hatte ja die Hoffnung, dich jetzt in *meinem* hohen Alter zum Verwalter all meiner Angelegenheiten zu haben. Denn *wem* kann ich mehr vertrauen als dir? Ich sehe aber, daß du nicht bei mir sein wirst. Ich habe *zu Gott* gebetet, daß er dich nicht zugrunde richte! ... *und* aus *Liebe zu dir* wird mir ‚das Seufzen der Erinnerung'[40] ins Herz gepflanzt werden. Vielleicht werde ich vor lauter Seufzen um dich aus der Welt scheiden."

Da sprach mein Herr zu ihm: „Weine nicht, sei nicht traurig und mach dir keine Sorge um mich! Du selbst wirst nämlich bei mir sein. Du wirst reichlich Gnade finden durch mich; was du bis zum heutigen Tage getan hast, *ist nach* dem Willen der Licht*väter geschehen.* (Wenn die Täufer sagen, daß ihnen) in höherem Maße (als anderen) *klare und sichere Offenbarungen (?)* gegeben worden seien, so bedeutet das überhaupt nichts; denn sie handeln nicht so, wie sie es in ihren Schriften lesen."

Kustaios, der Sohn
des Schatzes des Lebens

Abermals sprach Pattikios unter Tränen zu ihm: „Mein Sohn, weshalb redest du so? Gerade erst

---

[40] Sapientia Salomonis 11,12.

hast du mit deinen Worten die ganze Lehre vertrieben und aufgehoben. Dein Ungestüm (?) *hat* deine *Freunde erzürnt (?), so daß sie dich wie einen Feind (?) aus ihrer* Mitte *geworfen haben* und..."

Die Rolle des Pattikios im göttlichen Heilsplan

(Und Mani sprach zu ihm): „... ohne zu wissen, was du gezeugt hast. Du hast nämlich das Haus errichtet, ein anderer aber ist gekommen und hat in ihm Wohnung genommen. Du bist das Reitpferd für jenen geworden, ein anderer aber wird mit ihm den Krieg beginnen und durch ihn seinen Willen vollenden. Du hast nämlich das Gewand geschmückt, ein anderer aber hat es angezogen. *Ich* Mani *nämlich* ... die ganze Welt ... jenes guten Zwillings; denn er ist es, der so mein Führer ist, wie er will und wie es ihm geziemt. Erkenne und wisse, daß ich selbst jener Religion nicht *anhängen* und auch nicht ihrem Gesetz folgen werde."

Die erste Anhängerin der neuen Religion ist eine Frau

Timotheos

Ich verließ also die Versammlung *der Heilige*n ... *junge Männer (?)* ... Die ... jener Frau ... Als wir *dorthin kamen, rasteten* wir in dem Garten des ...

Dorfes. Als sie *mich dort* sahen, sagten sie zu jener Frau: „Fremde Männer haben *uns* befragt (?); sie werden unerhörte und neuartige Reden über Gott halten ... Sie sind ..." (Mani predigt im Garten): „... Engel ... alle ... da sie sich irrten (?) ...ihre *Größen (?). Die Frau aber* wunderte sich über *meine* Weisheit , die ihr *noch* nicht *begegnet war.*

In gleicher Weise wunderte sich Pattikios *gar sehr;* denn er hatte ... diese Rede niemals von *mir* gehört. Er sprach bei sich: „Als ich diese Lehre *hörte,* wurde ich *bewegt* ... der demütigen (?) ..." Da sahen sie eine Erscheinung in der Gestalt eines Mannes, *wie* einen Engel Gottes, so daß sie *alle* bei dem, was sie sahen, bewegt waren. *Danach* verschwand jene Erscheinung des Mannes vor *ihnen,* und wie ... war ich zu sehen. (Und Pattikios sprach): „ ... mir dieses zu enthüllen. Nach Gottes Willen erkannte ich, wer das ist, was bei dir ist." In gleicher Weise trat jene Frau vor mich hin, fiel vor mir nieder und sprach: „Ich danke Gott, der meine (deine?) ... gemacht hat. *Du aber bist* hierhin *gekommen, damit* ich *das Übermaß der Kraft* Gottes sehe."... .

Heilung eines kranken Mädchens in Aserbaidschan

Neuer Gewährsmann

(Mani berichtet:) ... aber *in jenem Dorf* ... blieb ich *nicht*. In *dem Lande* der Meder zog ich *zu den Brüdern in* Ganzak. *Dort* gab es Zinnstein. Als wir in die Stadt Ganzak kamen, waren die Anhänger unserer Brüder in Sorge um die *Tochter des* ... (Der Vater des kranken Mädchens sprach zu Mani:) „Wer bist du? *Welche Fähigkeit* hast du?" *Ich erwiderte* eben ihm *dieses (?): „Ein Arzt* bin ich." Er *antwortete* mir: „Tritt, *wenn* du einverstanden bist, in mein Haus ein; denn meine Tochter wird von *einer Krankheit* hin- und hergeworfen." Ich ging mit ihm und fand, daß das Mädchen *von Sinnen* war und *krank dahinsiechte*. ... (Mani heilt das Mädchen und), obwohl auch ... andere Männer dabeistanden, *fiel der Vater des kranken Mädchens* mir zu Füßen und sprach: *„Verlange von mir,* was du willst." *Ich* erwiderte ihm *also*: „Von deinen Schätzen *aus Gold und Silber* habe ich nichts *nötig"*. Ich nahm von ihm nur *die tägliche Speise für* die Brüder, *die bei* mir waren.

Der Zwilling beauftragt Mani, Apostel auszusenden

Timotheos

Wiederum *sagte mein Herr Mani:* ... (Der Zwilling sprach *zu ihm):* „Blicke auf *deine Geburt,* in der du dem Leibe nach geworden bist, auf sie *und* auf die Wahrheit, *die ich dir* verkündet habe. Darum werden in deinem *Auftrag* Gesandte und *Apostel* zu jeglichem Ort entsandt und diese Hoffnung *und die* Botschaft des Friedens in jeder Stadt verkündet werden, *in die* du sie senden willst."

Mani und Pattikios in einem Sandsturm

Neuer Gewährsmann

(Mani berichtet:) ... Als wir ... inmitten der Berge einherzogen und Pattikios *bei mir* war, kam plötzlich ein Sturm auf, so daß der Sand aufgewirbelt wurde und *uns den Sinn* verwirrte.

Ich *ging* vor Pattikios einher. Da trat jener, *mein* allerherrlichster Zwilling mir zur Seite, *gab* mir *Kraft und sprach mir Mut zu.*

Manis Reise durch die Luft in ein Wunderland zu dem behaarten Mann

(Name) der Lehrer und (Name) der Bischof

Da also hob mich der allerseligste und strahlende Zwilling in die Luft und brachte mich zu unsäglichen Orten, die man in den bewohnten Orten nicht kennt, in denen *wir leben*. Er zeigte *mir alles, was es dort gibt. Ich sah* überhohe *Berge und schöne Gärten (?)* in der Nachbarschaft *höchst lieblicher Flüsse und süßer Gewässer (?)* ... welche *fremd* und denen ungleich sind, die es hier in diesen Ländern gibt. Zwischen diesen und den höchst lieblichen und süßen Gewässern waren *Menschen (?)*. Er brachte mich auf den *höchsten* Berg; dort sah ich einen *Mann*, der *auf seinem Körper* ellenlange und *dichte* Haare wachsen hatte, die in vollen Locken *herabhingen (?)*.

(Der haarige Mann aber sagte zu Mani): „... Lehre *mich* die Botschaft der Erkenntnis! Deshalb bist du ja hier hinaufgekommen." Ich aber belehrte ihn in der Höhle (?), so daß die Weisheit in ihm aufging. Ich *verkündete* ihm das Ausruhen, die Gebote und die Proskynese[41] vor den Himmelsleuchten[42].

Wiederum aber sprach ich zu ihm: „Wie ist es zu der *Behaarung deines* Körpers *gekommen*, durch die

---

[41] „Das Niederknien in Verehrung".
[42] Sonne und Mond.

du verschieden bist von *allen* Menschen? *Wozu bist du zu diesem Ort hinaufgekommen?"* ... (Der Mann antwortet:) „ ... *In* meinen *Garten (?) bin ich einmal auf einen* Baum *gestiegen* und habe von den besten Früchten genommen. Seitdem habe ich diese Behaarung auf *meinem* Körper." Während ich noch da stand, wurde er von mir entrückt, ging zu jenem Ort, wo ich ... die Menschen gesehen hatte. Er wurde dort zu einem Herold der *Hoffnung* und zeigte den Menschen die Weisheit auf ...

Ein König und sein Hofstaat werden bekehrt

(Mani berichtet von dem Fortgang seiner Reise) ... Ich *ging* zu einem Ort, der unbekannt und von jenen Städten abgeschieden war. Dort gab es gleichfalls eine Menge von Menschen und *viele* Städte. Gerade als ich zu jenem Ort kam, ging die Himmelsleuchte des Tages (die Sonne) auf, und der König *jenes* Landes *zog auf* die Jagd. Da also trat mein allerherrlichster *und völlig unfehlbarer Führer und Zwilling mir zur Seite und sprach zu* mir: „... (Der Zwilling bringt Mani anscheinend in die Nähe des Königs)... *Ich stand (?) nicht weit (?) vom König und seinen* Fürsten ... Als mich der König und seine Fürsten sahen, gerieten sie in Erregung und *Staunen.* ... Als ich mich *ihnen* genähert hatte, stiegen der König und seine Fürsten von *ihren Pferden* ab. Ich *trat vor* ihn und vollzog die Proskynese ... ihm.

Ich lehrte vor *ihm* die Weisheit und die Gebote und *erklärte* alles.

An nicht wenigen Tagen, an denen ich *dort* verweilte, saß er *selbst mit* seinen Fürsten vor *mir*. Ich zeigte *ihnen* die Trennung *der beiden* Naturen *und die Lehre (?) von Anfang, Mitte und* Ende der Zeit.

Er behandelte *mich wie einen Bruder* ...; er nahm *alles* an, was er *von* mir *genau* gehört hatte. Nachdem *dieser* Allerherrlichste *sein* herrliches Werk durch mich vollbracht hatte, flog er plötzlich herab und *trat zu mir*, als der König auf dem Thron saß und seine Fürsten vor ihm waren; *und sie sahen (?), wie er* mir *seine Hand reichte (?)*. Der König und seine Fürsten *fielen in Staunen über meine Weisheit* ....

Da erstarkte der König in der *Weisheit*, und er wurde eingepflanzt in der Erkenntnis und dem Glauben. *Gleichfalls* wurden auch seine Fürsten *voll* des Glaubens. Der König nahm *freudig die Gebote* an, die ich ihn gelehrt hatte, und *ordnete an*, sie in seinem Königreich *darzulegen* und *zu verkündigen*. An *jenem* Ort *also* .... Von da an wurde diese Religion an jenen Ort ausgesandt.

Rückkehr zu Pattikios

Damals brachte mich der Allerherrlichste zu jenem Ort, wo er mich von *Pattikios* getrennt hatte. Als er mich sah, *freute er sich* sehr, *küßte mich* und *sprach zu mir*: „Wohin warst du gegangen? *Warum(?)* hast du *mich allein gelassen? ..."*

(Da berichtete Mani ihm): ...; denn ich sah mit meinen eigenen Augen seine *wirkende* Kraft, die alle Visionen übersteigt, welche ich für gewöhnlich erwarte. Deshalb *wurde ich froh. Mein* Herr (der Zwilling) sprach zu ihm: *"Du gehörst (?)* zu den Seinen." Dann brachte er *ihn zu Orten* ganz in der Höhe *und sprach*: "Ich habe *dies nach dem* Willen *deines Vaters* getan; er selbst *hat mich* zu dir geschickt."

Sieg über den bösen Zauber eines religiösen Fanatikers

Neuer Gewährsmann

(Mani berichtet:) ... *Ich kam in ein* Dorf namens S.[43] und ging *in die* Versammlung der sogenannten (?) ... der Wahrheit. Das Oberhaupt der *Sekte* sprach *zu mir: „Die* genaue Erfassung der Lehre *unserer Väter ..."* Er führte *ein* Streitgespräch mit mir vor den Männern seines Glaubens. In allen Punkten *unterla*g er und *zog sich* Gelächter zu, so daß *Neid* und Bosheit ihn völlig übermannten. Er setzte sich, wie es *das Ritual (?) verlangt*, und sang Beschwörungen seiner *Väter (?)*, ... damit (Pattikios), der bis jetzt gesund ist, (plötzlich krank

---

[43] Mehr als dieser eine Buchstabe ist von dem Namen des Ortes nicht erhalten.

werde). *Dies sagte* und beschwor er in *seiner (?)* Bosheit. Daher wurde seine Absicht zunichte. Denn in dem Maße, wie er selbst *die beschwörenden* Worte *sprach,* machte mein Herr (der Zwilling) *seine (?)* Bosheit zunichte. *Sogleich flog jener,* mein *völlig unfehlbarer Zwilling herab und erschien (?)* .... *Nachdem wir (?)* im *Dorf* ... für ein paar Tage geblieben waren (?), wo (?) (Pattikios ?) sich erholt hatte (?), *gingen wir (?)* nach Pharat, der Stadt bei der Insel der Leute von Mesene.

*Besuch bei den
Täufern in Pharat am Unterlauf
des Tigris*

(Name) der Lehrer und Ana, der Bruder
des Zacheas des Jüngers

Als mein Herr Mani und *Pattikios, der* Hausvorsteher, *nach Pharat* gekommen waren, *predigte er* in der *Versammlung der* Täufer. *Dabei sprach er zu uns (?):*
„... Gottes Königreich und seine Kraft." Wir aber staunten *sehr über ihn* und waren über seine Worte erschrocken.

Als die *Stunde des* Gebetes herankam, sagten wir zu Pattikios: *„Wir wollen beten!* Denn das Gebot *Gottes ruft* meinen Herrn Mani *mit uns (?)* ... zum Gebet." *Pattikios aber* bat uns ... (vermutlich fragt der Täufer Mani): *„... Warum betest du (?)* im Unterschied *zu uns, indem du dich zum Himmelslicht*[44] *wendest (?)?"*

Ferner ging Mani zur Zeit, als das Fasten *beendet war (?)* ..., hinaus und erbat (?) jeweils fromme Gaben *vor* den Häusern ... Er stellte nicht ... (Einer der Täufer) sprach zu ihm: „Warum hast du *nicht an unserem Tisch* teilgenommen?" ... (Ein anderer Täufer sagte zu Pattikios): ... „*Weisheit (?) ist* so bei deinem Sohn wie bei den Presbytern und Lehrern. *In* ihm habe *ich früher* schon gesehen, daß er *mit all* seiner Weisheit, *Klugheit* und Erklärung der Schriften uns gegenüber *Zeugnis ablegte. Es ist aber ganz offensichtlich (?),* daß ... im Unterschied *zu den Worten* unserer Lehrer. ..."

Einschiffung nach Indien

Neuer Gewährsmann

(Mani berichtet, daß er in den Hafen von Pharat[45] ging) ... Es gab einen ... in Pharat mit Namen Oggias (?), ein Mann, der wegen seines *Einflusses* und seiner Macht über die Männer, deren *Führer er war (?),* berühmt war. Ich sah, *wie* die Kaufleute, die sich *anschickten, mit* Schiffen bis zu den Persern und Indern *zu fahren,* seine *Waren* versiegelten, *aber noch* nicht in *See stachen,* bis er an Bord kam ... Als Og-

---

[44] Die Sonne.
[45] Das liegt etwa an der Stelle des heutigen Basra.

gias (?) ... *Da antwortete er (wohl Oggias) mir: „Ich will ein Schiff besteigen und zu den Indern reisen, damit ich bekomme ..."* Ich aber sagte *zu ihm*: „Ich ..."

Der Text des Kodex wird an dieser Stelle so bruchstückhaft, daß sich eine Wiedergabe der einzelnen Wörter nicht mehr lohnt. An keiner Stelle ergibt sich ein fortlaufender Text. Anscheinend werden Mani und Pattikios auf ihrer Reise nach Indien beim Zwischenhalt in einem Hafen der Persis von einem manichäischen Missionar aufgesucht, der vielleicht aus Armenien kommend zu ihnen stößt. Über den Aufenthalt Manis in Indien erfahren wir dann fast nichts. Hier ist nur von der Verwaltung der Nahrungsmittel die Rede. Noch einmal erscheint der Zwilling, der Mani schließlich nach Babylonien zurückruft. An dieser Textstelle heißt es:

Als Ardaschir, der Vater des Königs Schapur, in dem Jahr starb, in dem ich 25 Jahre alt war, da erschien mir jener überaus glorreiche Zwilling und sandte *mich zum* Palast *in Persien, damit (?) ich den* trauernden (?) *König (?) und die* im Palast versammelten (?) *Fürsten und Freunde (?) stärke (?). Da reiste ich ...* zu (?) *dem ... Palast ...*

Allgemeine Literaturliste zum Manichäismus
(vgl. auch die Literaturangaben in dem
Vorwort von J. Sudbrack):

● Gute Einführungen bieten: H. J. Polotsky, *Manichäismus,*
in: Pauly-Wissowa, Realenzyklopädie der classischen Altertumswissenschaft, Supplementband VI, Stuttgart 1935,
241–272; M. Tardieu, *Le manichéisme,* Paris 1981 (in der Reihe
„Que sais-je?" Nr. 1940); besonders unter Berücksichtigung
historischer Aspekte: S. N. C. Lieu, *Manichaeism in the Later
Roman Empire and Medieval China,* 2. Edition, Tübingen 1992
(mit ausführlicher Literaturliste).

● Eine Auswahl manichäischer Texte z. T. in deutscher Übersetzung bietet: A. Adam, *Texte zum Manichäismus,* 2. Auflage,
Berlin 1969; nur deutsche Übersetzungen sind enthalten in:
Die Gnosis III, Der Manichäismus, unter Mitwirkung von
J. P. Asmussen eingeleitet, übersetzt und erläutert von
A. Böhlig, Zürich und München 1980 (mit sehr guter Einleitung, zur Zeit ist das Buch vergriffen, eine Neuauflage ist in
Vorbereitung), und in: *Hymnen und Gebete der Religion des Lichtes,*) Iranische und türkische liturgische Texte der Manichäer
Zentralasiens, eingeleitet und übersetzt von H.-J. Klimkeit,
Opladen 1989.

● Eine Sammlung grundlegender Aufsätze zu verschiedenen
Aspekten des Manichäismus enthält: *Der Manichäismus,* herausgegeben von G. Widengren, Darmstadt 1977; besonders
hervorzuheben darin ist: H.-Ch. Puech, Der Begriff der Erlösung in Manichäismus (Abdruck aus: Eranos-Jahrbuch 4,
1936, Zürich 1937, 183–286).

● Weitere grundlegende Aufsätze (besonders zum Kölner
Kodex) sind: A. Henrichs, *Mani and the Babylonian Baptists: A
Historical Confrontation,* Harvard Studies in Classical Philo-

logy 77, Cambridge (Massachusetts) 1973, 23–59; L. Koenen, *Augustine and Manichaeism in Light of the Cologne Mani Codex*, Illinois Classical Studies 3, Urbana (Illinois) 1978, 154–195.

● Aufsätze, welche die aktuelle Forschungslage spiegeln, sind gesammelt in: *Manichaean Studies,* Proceedings of the First International Conference on Manichaeism, herausgegeben von P. Bryder, Lund 1988; *Codex Manichaicus Coloniensis,* Atti del Secondo Simposio Internazionale, herausgegeben von L. Cirillo, Cosenza 1990; *Manichaica Selecta,* Studies presented to Professor J. Ries on the Occasion of his seventieth birthday, herausgegeben von A. van Tongerloo und S. Giversen, Leuven 1991; *Studia Manichaica,* II. Internationaler Kongreß zum Manichäismus, herausgegeben von G. Wiesner und H.-J. Klimkeit, Wiesbaden 1992.